CAREER

立业

落羽/著

哈爾濱工業大學出版社
HITP
HARBIN INSTITUTE OF TECHNOLOGY PRESS

图书在版编目(CIP)数据

立业/落羽著. —哈尔滨:哈尔滨工业大学出版社,2024.7. —ISBN 978-7-5767-1525-5

I. F830.59-49

中国国家版本馆CIP数据核字第2024PN1470号

HITPYWGZS@163.COM

艳|文|工|作|室 13936171227

立业

LIYE

策划编辑 李艳文 范业婷

责任编辑 付中英 李佳莹

装帧设计 宋晓亮

出版发行 哈尔滨工业大学出版社

社　　址 哈尔滨市南岗区复华四道街10号 邮编 150006

传　　真 0451-86414749

网　　址 http://hitpress.hit.edu.cn

印　　刷 大厂回族自治县德诚印务有限公司

开　　本 710毫米×1 000毫米 1/16 印张15.5 字数200千字

版　　次 2024年7月第1版 2024年7月第1次印刷

书　　号 ISBN 978-7-5767-1525-5

定　　价 52.00元

Preface

前言

对中国人来说，立业是人生旅途中一个重要的里程碑。它不仅仅意味着找到一份工作或者开创一项事业，更深远的意义在于，它代表了一个人在社会中找到了自己的定位，树立了个人的职业观念，并为之奋斗终生的过程。

立业的过程充满挑战。在立业的旅途中，有人对职业的选择充满迷茫和焦虑，也有人在当今创业热潮的推动下，怀揣梦想、跃跃欲试地投入创业大军，希望能崭露头角，成就一番事业。而无论选择哪一条路，对于普通人来说，都不是一件容易的事。

普通人的立业道路上，一切都是从零开始的。没有资金，没有经验，没有资源……这一切的匮乏，都让人备感焦虑，深陷困惑和无助的旋涡。

更重要的是，立业并不是只要有一个想法就万事大吉了。无论是选择职业还是创业，都需要调整好自己的心态，要找到合适的赛道和项目，同时还得具备敏锐的市场洞察力，能够及时发现并抓住机会，站上市场的风口。

更何况，即使你敢于尝试，不怕吃苦，即使你孤注一掷，勇往直前，也不意味着就一定能取得成功。事实上，这些都只不过是立业道路上微不足道的小小障碍，想要在这条路上走得长远，有所收获，还有更重要的东西需要学习，那就是赚钱的底层逻辑。例如，吸引客户、转化客户的策略有哪些，运营和营销的技巧、秘诀有哪些……

立业之路道阻且长，前方更是充满了诱惑与陷阱。市面上那些五花八门、参差不齐的案例、项目，看似花团锦簇，金银遍地，却可能隐藏着巨大的风险和陷阱。对于普通人来说，试错的成本是有限的，要避开这些风险。我们不但要有想法，有热情，更要有好的心态，提升自己的认知、思维与能力。我们得小心谨慎，步步为营，增强风险意识，抛弃盲目、浮躁的心态，不可贪心、妄为。

立业从来不是坦途，尤其是对那些敢于面对挑战、逆流而上的普通人而言，这是一条无比艰辛，且充满了挑战和机遇的道路。你若有雄心与勇气踏上这条道路，那便勇敢去尝试，去挥洒自己的努力与智慧，闯出一片财富与成功的天地！当然，前提是你得在各个方面做好准备。

如果你不知道如何去做，如果你对前路还有些许迷茫，那么不妨翻开这本书看一看。这是一本送给普通人的立业指南，本书从几个方面阐述了为什么要创业、如何选择职业赛道、如何选择适合自己的项目、如何去改变思维和摸透赚钱模式等问题。在这里，你或许能够解开许多让你困惑已久的问题，找到立业路上的答案。

Contents

目录

一　就业赛道选择

——要创业，先就业

二　副业赚钱

——用时间换空间

三 赚钱的底层逻辑

——钱从哪里来?

四 顶尖销售法则

——销售，玩的就是情商

五 互联网创业

——你得站在风口上

六 短视频 + 直播创业

——低成本搏大回报

七 知识付费

——每种专长，都能变现

八 AI 人工智能

——让许多人失业的恶魔，可以是你赚钱的工具

九 实体店转型
——必须“换个活法”

Chapter One

一

就业赛道选择

——要创业，先就业

01 Section

被裁员了怎么办

什么？我要被裁员了？天哪！

这样的“晴天霹雳”，谁都不愿意面对，可行业处在下行期的时候，即使再不愿意接受，也要随时做好心理准备。抑郁和抱怨除了浪费你宝贵的时间之外，可不会提供任何帮助。你应该做的，是赶紧调整好情绪，想想如何为自己争取更多利益！

老杨和小李就职于同一家科技公司，因为公司业绩严重下滑，领导不得不做出裁员的决定。不幸的是，他们二人都上了裁员名单。

老杨和小李都是项目经理，平时工作勤恳，业绩也相当。接到裁员通知后，小李心中郁闷不已，在社交软件上发了不少表达情绪的文字，收获一众朋友的点赞和安慰。当然，这并不能改变他失业的命运，最终小李也只能选择默默接受，拿着公司给的基本赔偿金离职了。

老杨则不同，他在接到裁员通知后，第一时间咨询了法律顾问，并详细列出自己的权益清单，包括未休年假、绩效奖金等，并以此和公司进行谈判，最终拿到了几倍于标准的赔偿金。

因为获得赔偿金数额的差距，两人在失业后的状态和境遇也都大相径庭。老杨用丰厚的赔偿金做了长远规划，而小李则急于找新工作稳定收入。一次偶然的机会，小李得知两人所获赔偿金差额巨大，这才明白自己究竟吃了多大的亏！可有什么办法呢？小李也只能继续在社交软件上抱怨自己的悔不当初。

虽然同样是被裁员，但大家的境遇也会因为懂不懂得为自己争取利益而天差地别！所以，当离职成为板上钉钉的事情时，别再忙着抱怨了，与其把自己的悲惨广而告之，给别人添了无关痛痒的乐子，倒不如赶紧行动起来，好好计算一下自己究竟能争取到多少赔偿金！

第一，年假与调休

年假与调休都是可以折算成工资的，通常来说，年假是 3 倍工资，调休是 2 倍工资。被辞退时，还有多少年假和调休，一定要自己算清楚。

第二，赔偿金的具体计算

根据《中华人民共和国劳动合同法》第 47 条规定：

“经济补偿按劳动者在本单位工作的年限，每满一年支付一个月工资的标准向劳动者支付。六个月以上不满一年的，按一年计算；不满六个月的，向劳动者支付半个月工资的经济补偿。”

按照这项规定，裁员补偿的金额基本就是月平均工资乘以工作年限，工作年限不满六个月的补偿半个月工资。此外，如果裁员事宜没有提前 30 天通知，那么企业是需要支付这一个月的工资为代通知金的。

通常来说，月工资的标准是按照劳动合同解除或终止前 12 个月的平均工资来进行计算的，包括计时工资、计件工资以及奖金、津贴和补贴等货币性收入。且经济补偿金为税后发放。所以，自己一定要记得计算清楚哦！

好了，处理完这些问题，就潇洒地和过去说“拜拜”，昂首挺胸，开始事业生涯的新篇章吧！接下来，就让我们好好想一想，究竟哪些“赛道”有商机！

02
Section

哪些赛道有商机

有句话你一定听过：选择比努力更重要。

别急着否定，先来看一看他们的创业故事。

王鑫和詹强是大学好友，毕业后两人都决定创业。王鑫看中了日渐兴起的健康食品市场，而詹强则选择了传统的零售行业。

毕业后，家境优渥的詹强在父母的支持下，迅速租下了一个繁华地段的店面，并进了一批服装和饰品准备大干一场。起初，詹强的店铺生意还算不错，但后来，随着电商的崛起和消费者购物习惯的改变，传统零售行业受到巨大冲击。虽然詹强的店面地段繁华，但客流量也越来越少，生意日渐艰难。

王鑫因为看中健康食品市场，决定创立一个专注于健康饮食的品牌。他和一家老牌企业展开合作，研发了一系列低糖、低脂、高膳食纤维的健康食品，并通过社交媒体和健康讲座等方式进行推广。随着人们健康意识的不断增强，王鑫的品牌迅速获得了市场的认可，经过几年的经营，已经成为行业内的知名品牌。

无论是王鑫的成功，还是詹强的失败，实际上更多地取决于他们的选择。电商的兴起和传统零售行业的没落，都是市场发展的必然，这不是个人的能力可以阻止或扭转的。由此可见，选对了赛道，就能够顺应市场趋势和消费者需求，事半功倍地达成目标；而如果选错了赛道，即使再努力奔跑，也可能只是原地打转或者走向失败。

那么，在未来的发展中，哪些就业赛道才真正藏着商机，能够通向财富的终点站呢？

第一赛道：人工智能与大数据

人工智能与大数据是当今最火热的行业之一。随着算法的不断进步和数据量的激增，人工智能已在各个领域展现出惊人的能力。可以说，在这个信息爆炸的时代，谁能掌握数据，谁就能掌握未来。

普通人想要吃到人工智能与大数据的红利，主要有两条路径：

一是涉足该行业。不要以为这两个行业所需要的人才必须都是相关领域的技术大牛，实际上，这两个行业也需要大量的非技术岗位，这些岗位不需要专业技术，更需要你的综合能力。

二是从事行业周边的“微创业”。在人工智能出现之前，许多专业的工作是外行人无法涉足的，但是，人工智能的出现，打破了行业的铁幕，只要你能很好地掌握人工智能的用法，便可以设计出各类插画、视频、文案，甚至是软件程序，这无疑可以让你选择行业或创业时，有更多选择。

第二赛道：绿色环保与可持续发展

现在全球都在倡导绿色环保与可持续发展，这个赛道可谓是前途无量。

普通人在这两个产业中也可以有所作为，尤其是在资源回收、循环利用等不需要太高专业门槛的细分领域，有比较大的可操作空间。

第三赛道：医疗健康与生物技术

随着生活水平的提高，人们对健康越来越重视，医疗器械的研发，或者生物医药的研究等行业，势必将大放异彩。普通人在这个赛道中，可以成为分销商，也可以成为技术推广方，实际也是大有可为的。

03
Section

那些在未来可能会逐渐没落的职业

随着科技的发展、时代的进步，我们的生活也在悄然发生变化。不知你是否注意到，很多曾经熟悉的职业正在由人人艳羡的“铁饭碗”“香饽饽”，变成充满挑战和不确定性的普通工作。它们或许曾是我们生活中不可或缺的一部分，但如今，却像老照片一样，逐渐泛黄，失去了往日光彩。

从前乘坐公交车，都有售票员负责售票，如今则变成了自动投币或刷卡的机器；从前去电影院看电影，需要在售票窗口大排长龙，如今只要在手机 App 上一通操作，就能完成购票流程；从前想要买瓶水，人们下意识就会四处寻找小卖店，现在不少地方都有自动贩售机……

在这个日新月异的时代，科技发展的速度比我们想象的要快得多。尤其是随着人工智能、自动化和数字化技术的不断进步，许多职业都面临前所未有的挑战。那么，还有哪些职业，正在或者已经走进了逐渐没落的境地呢？

职业一：银行柜员

想当年，银行柜员简直是金融界的重要角色，办理任何金融业务，都离不开他们。但如今，随着互联网金融的兴起，越来越多的人开始选择网上银行、手机银行等便捷的服务方式，绝大部分的银行业务也都能够在机器上自行完成。随着技术的发展，更加智能的机器人可能会取代柜员的工作。到时候，我们可能只能在电影里看到银行柜员的身影了。

职业二：程序员

前段时间，ChatGPT 的横空出世在业内引起惊涛骇浪，这不仅是一场超强的技术革命，更是一次让许多入门程序员都心惊不已的挑战。ChatGPT 不仅能够自行完成报表，还能进行许多复杂的编程。举个例子，以前做项目，需要一个资深程序员带领三个初级程序员来完成，而现在，资深程序员手握 ChatGPT 就能搞定所有问题，怎么能不让人瑟瑟发抖呢?

职业三：翻译

在如今年轻人的生活中，字典大概已经成了一种“摆设”，但凡遇到看不懂的汉字或单词，大家第一反应都是拿出手机，到网上搜一搜。就连出国旅游，语言不通，也有实时传译设备来帮你打破语言障碍，简直不要太方便。更别说如今还有功能强大的 AI 横空出世，各类语言的翻译工作都手到擒来，翻译行业恐怕很快就要消失了。

职业四：导游

导游最主要的作用有三点：一是帮游客安排行程住宿；二是介绍景点文化；三是负责翻译工作。如今，这三项工作实际上都已经有了粗略的替代品，通过各类手机 App，住宿出行问题都能轻松解决；不少景点都引入了导游机器人，能够用各种语言进行景点介绍，甚至实现与游客的互动；至于各种翻译软件、实时翻译设备，更是层出不穷。想必在不久之后，导游这份职业就要“过时”了。

职业五：裁判

如今，在全球各类赛事中，为了确保比赛的公平公正，越来越多的高新技术被引用其中。尤其是在一些国际大赛上，采用高清晰度的摄像机记录比赛过程，在捕捉精彩镜头的同时，也可以为一些犯规动作提供证据。毕竟无论什么样的赛事中，都少不了各种存在争议的判决，诋毁裁判的情况也的确是存在的。从这个角度来看，人工智能取代裁判想必是早晚的事。

职业六：司机

无人驾驶技术的出现已经向人们昭示了这样一个未来：汽车将不再需要司机来驾驶，人们只需要躺在座椅上，车子就会自动选择最优路线，规避一切障碍，安全无误地将你送到目的地。随着自动驾驶技术的不断发展，不仅是汽车，在将来，火车、轮船、飞机也可能会逐步实现自动驾驶。

虽然科技的进步会导致一部分职业消失，但同时也会催生出新的职业。比如，需要更多的人来维护机器人、编写机器人的软件、设计更先进的 AI 算法等。因此，我们其实不必太过悲观，与其担心这些“旧”职业的消失，还不如努力学习，提升自己，以适应新的技术环境。

无论技术如何发展，人类的智慧和情感都是无法被替代的。而历史上的每一次技术革命，都带来了人类社会的巨大进步。这是历史发展的必然，也是新的机遇和挑战。

04
Section

选择再就业，要考虑哪些问题

在这个多变的时代，很多人都会面临再就业的选择。或许是因为公司重组，或许是因为个人职业规划的调整，总之，再就业已经成为现代人职业生涯中都可能会经历的一个环节。那么，在选择再就业时，我们应该考虑哪些问题呢？

接下来，让我们一起跟随老李的再就业步伐来探讨一下吧！

人到中年，老李突然失业了。不是因为他工作不努力，也不是公司效益不好要裁员，而是他供职多年的厂子最终因为抵挡不住自动化浪潮的冲击，只能宣布关停。这突如其来的变故，让老李这样的老员工措手不及，也让他不得不踏上再就业的道路。

一、薪资待遇：别让自己的劳动显得太廉价

再就业，老李首先考虑的第一个问题，就是新职位的薪资是否能与自己的能力和经验相匹配。当然，这并不是说薪资越高就越好，主要还得看这份薪资背后需要付出什么。如果工作压力特别大，甚至可能影响到身体健康，那么即使是高薪也没那么吸引人了。

比如有一次，老李选中一家薪资待遇非常好的公司，但在面试时却

发现，那里工作环境十分恶劣，员工们的精神状态也不好，考虑到自己人到中年，用健康换薪资实在不明智，于是便果断拒绝了那份工作。

二、发展前景：未来可期，但不是空中楼阁

对老李来说，选择再就业时，对公司的发展前景是非常看重的，毕竟自己已经有了一次失败的经历，实在不想重蹈覆辙了。因此，在选择公司时，老李不仅在网络上仔细查阅了行业报告，分析市场趋势，甚至还动用了他在业界的“眼线”，来了解哪些公司是行业内的佼佼者，哪些公司正在走下坡路。

三、自身能力：打铁还需自身硬

除了外部因素，自身的能力是否足以胜任新工作也是需要认真考虑的问题。因此，在分析完外部因素后，老李开始审视自己。他深知自己的优势在于丰富的机械工程师经验和出色的团队协作能力。但同时，他也意识到自己在新兴技术如自动化、人工智能等方面还有所欠缺。于是，为了提升自己的竞争力，老李报名参加了相关的培训课程，并在网上自学了一些新技术。毕竟，“打铁还需自身硬”，只有具备了足够的能力，才能在新的工作岗位上游刃有余。

四、多面试：“货比三家”，才能不吃亏

作为一个行动派，老李一直坚信，只有通过实践才能找到最适合自己的工作。于是，他积极投递简历，参加了多场面试。在老李看来，找工作和买东西一样，是需要“货比三家”的。多参加一些面试，不仅能更深入地了解不同公司的文化和氛围，还能更准确地评估自己的市场价值。而且，多次面试也能帮助自己提升沟通技巧和应变能力，为未来的

职业生涯打下坚实的基础。

最终，在经历重重波折后，老李成功应聘到一家新能源汽车公司的机械工程师岗位，不仅薪资待遇优厚，还有很大的发展空间。对于这个结果，老李感到非常满意，甚至觉得自己这是“因祸得福”了！

05 Section

HR的“千层套路”，你知道多少

身处职场，我们或多或少都会与人力资源（HR）部门打交道。他们不仅是招聘新人的“守门人”，还是维护员工关系的“调解员”，更是掌控薪酬福利发放的“财神爷”。在与HR的交锋中，我们常常都会有被“套路”的感觉。那么，关于HR的“千层套路”，你知道多少，又经历过多少呢？

套路一：职位描述的“艺术”

当你在招聘网站上看到一个职位，会发现职位描述通常写得天花乱坠，仿佛这个职位能让你一步登天。但真相往往并非如此。

比如，某家公司招聘“高级市场专员”，在职位描述中，或许会这样写：“负责公司市场推广策略的制定与执行，带领团队实现销售目标。提供丰厚的薪资福利。”但等你兴冲冲地去面试时，可能会发现，所谓“高级市场专员”，其实和普通销售没什么区别，而所谓的“带领团队”，真正的含义其实是：“你得想办法多招点下线，那样才有团队让你带！”

套路二：面试中的“压力测试”

面试时，HR 有时会故意制造一些压力情境，以测试应聘者的应变能力和抗压能力。

比如在面试过程中，面试官可能会突然变得非常严厉，对应聘者的回答百般挑剔，甚至故意打断对方的话进行反驳。这种时候，如果我们不能调整心态，保持冷静并据理力争，那面试结果恐怕就不是那么理想了。

套路三：薪酬福利的“玄机”

薪酬福利是职场人最关心的话题之一，而 HR 在这方面也有不少“套路”。

比如在入职之前，HR 或许会不断强调各种奖金的“上限”金额，让你认为奖金是稳定可得的，实际上，想要拿到他们宣称的奖金数额，需要满足极其苛刻的条件，实际工作中很难实现。

套路四：员工关系的“微妙”

员工关系管理也是 HR 的一大职责，但在这方面他们同样有自己的“套路”。

比如，当你在公司工作了一段时间后，发现所处的团队已经在分崩离析的边缘，在这样的团队中，既不可能有好的业绩，也不可能有好的心情。你把这种情况向 HR 反映，希望能得到帮助。然而，HR 或许只会轻描淡写地回应说：“这是团队之间的正常竞争，你要学会适应。”

套路五：离职处理的“智慧”

离职是职场中不可避免的一环，而 HR 在处理离职时也有自己的

“套路”。

比如，当你在公司工作一段时间后，决定离职去创业，便向 HR 提交了离职申请，希望能尽快办理手续。如果此时 HR 还没有找到可以替代你的人，便可能会想尽办法“拖”住你，甚至会以升职、加薪为诱饵，劝你打消离职的念头。但对于一个合格的 HR 来讲，你已经变成了他们心目中可能会影响人事稳定的一个“X”因素，他们会在合适的时机排除掉这个因素，到时候主动权就完全在 HR 手中了。

06
Section

如何突破职场“内卷”困境

在这个“万物皆可卷”的时代，内卷仿佛成了一种无法逃避的宿命，职场内卷困境已经成为许多打工人难以言说的痛。

职场内卷，不仅让个体的生存空间变得狭窄，更让社会的创新力和活力受到抑制。在内卷的环境下，每个人都在为了争夺有限的资源而疲于奔命，很少有人能够停下来思考、创新和突破。这种环境，对于社会的进步和发展无疑是一种阻碍。

那么，我们要如何做，才能突破职场“内卷”的困境呢？一起来看看各位“反内卷”达人支的招吧！

招数一：找到自己的“护城河”

行政助理小李，工作之余，对摄影有浓厚兴趣，并且技术相当不错。每次公司的团建活动，他都主动承担摄影师的角色，为大家拍下许多精彩瞬间。久而久之，公司领导注意到了小李的这项独特技能，便将他调到了宣传部门，专门负责公司活动的摄影和后期工作。就这样，小李凭借自己的独特技能，成功突破内卷，找到了自己的职业发展新方向。

小李认为，想要突破内卷困境，就要找到一项自己热爱并且擅长的技能或领域，然后深耕下去。这样，即使身边的人都在卷，你也能在自己的“护城河”里安然无恙。

招数二：学会“断舍离”

小王是一名金牌销售，业绩一直名列前茅。但他发现，自己每天为了业绩加班到深夜，身心俱疲，生活也失去了平衡。于是，他决定放弃部分工作，把时间留给自己和家人。他开始学习烹饪、陪伴孩子，甚至报了一个瑜伽班。回归生活后的小王变得更加从容和高效，工作业绩不降反升，生活质量也大大提高。

在小王看来，人生不是一场速度比赛，而是一场质量比赛，只要时刻保持冷静，不忘初心，保持自己的节奏，就能自然摆脱内卷。

招数三：学会合作与分享

激烈的竞争和内卷的压力让大强逐渐感到不堪重负，为了减轻工作压力，他主动和同事小方展开合作，两人定期交流和分享各自的专业知识与经验。由于两人各有所长，在相互配合下，不仅有效减轻了双方的压力，就连工作效率都不降反升了。

大强认为，内卷往往是因为资源有限而竞争激烈，但如果能与他人展开合作，共同分享资源和经验，那么内卷的压力就会大大减轻。

招数四：搭建“人脉天梯”

小赵是一名市场营销人员，他深知人脉的重要性。于是，他积极参加各种行业交流会和研讨会，与同行建立了广泛的联系。有一次，他通过一个朋友的介绍，成功与一家大公司达成了合作意向。这个项目不仅为公司带来了巨大的收益，也让小赵在职业生涯中迈上了一个新的台阶。

小赵发现，职场内卷并不是不可逾越的鸿沟，如果个人力量有限，那么就要学会积极搭建人脉关系网，借助他人的力量来完成突破。

总之，“怎样应对内卷”这个问题并没有固定的答案，因为每个人的情况和需求都不同。但只要记住，不忘初心，保持冷静，找到自己的核心竞争力，你就一定能够突破职场内卷困境，实现个人价值和职业发展的双赢！

07 Section 从月薪 3 000 到月薪 6 位数

对于普通人来说，初入职场，能找到一份月薪 3 000 的工作已经是非常好了。当然，此时的工资并不意味着你的职业生涯会就此定格，随着经验的积累和你在业内做出的成绩，薪水自然也会水涨船高。

但需要注意的是，如果你希望自己的薪水有一个质的飞跃，而不仅仅是随着时间和资历的加深有那么一点微乎其微的增长，明确的策略规划和坚持不懈的努力都是必不可少的。

接下来，让我们一起看看“打工达人”李明的职场进阶之路，看看他是如何实现让月薪 3 000 蜕变为月薪 6 位数的。

李明刚毕业时，加入了一家初创企业做市场助理，月薪 3 000 元。但他并没有因为起点低而气馁。相反，他看到了一个巨大的成长空间。

第一步：设定清晰目标

进入公司之后，李明为自己设立了一个清晰、具体的职业目标，即成为市场总监。有了这个目标作为指引，他才能够有针对性地规划自己的职业发展路径。

第二步：主动学习与技能提升

李明明白，要想在职场上有所作为，必须不断提升自己的专业技能，掌握更多的知识。因此，在设定目标后，他就一直利用业余时间主动学习市场营销的专业知识，参加各种培训课程和研讨会，不断丰富自己的知识储备。

第三步：勇于实践与抓住机会

除了理论方面的学习之外，李明还将所学知识都运用到了实际工作中，比如他主动提出市场推广方案，并成功地将其付诸实践，为公司带来了显著的业绩增长。这种勇于实践和抓住机会的能力，使他在职场中脱颖而出。

第四步：建立良好人际关系

李明深知人际关系在职场中的重要性，因此，他一直努力与同事建立起良好的关系，通过分享工作经验和心得，增进彼此之间的了解和信任。这种良好的人际关系为他的职业发展提供了有力的支持。

第五步：持续进阶与自我调整

李明继续思考，如何带领团队走向更高的目标，如何进一步拓展市场，以及如何持续提升自己的管理能力。这种持续进阶和自我调整的精神，使他在职场中始终保持领先地位。

如今，李明早已经从一名职场“菜鸟”蜕变成为职场“大佬”，实现了从月薪 3 000 到月薪 6 位数的跃进。对于李明来说，这不仅仅是薪资的增长，更是其职业生涯里的一次飞跃。这是一个日新月异的时代，到处都是激烈的竞争，但同样，也到处都是助你起飞的机会。

08
Section

找到自己的“钱眼”，一年赚取百万

在这个信息爆炸、机会遍地的时代，每个人都有可能成为创业成功人士，赚取人生中的第一桶金。但问题是，为什么有些人能够迅速找到财富的源泉，而有些人却始终在原地踏步呢？答案很简单，那就是是否找到了自己的“钱眼”。

“钱眼”是什么？它并不是一个具体的地点或者机会，而是你对市场、对商机、对财富流动的敏锐洞察力和判断力。换句话说，就是你的财富直觉。找到它，你就等于找到了一条通往成功的快车道。

有人可能会说：“哎呀，我哪有那么好的运气和天赋啊！”其实不然，找到“钱眼”并不全靠运气，更多的是靠你的观察、分析和实践。如果还不相信，那么就一起来看看马斯克的故事吧！

埃隆·马斯克，一个名字在科技和商业领域响当当的人物，有现代“钢铁侠”之称。他不仅是特斯拉（Tesla）和SpaceX的CEO，还是一位梦想家、创新者和颠覆者。但你知道吗？他在找到自己的“钱眼”之前，也是经过了一系列的摸索和冒险的。

马斯克并不是一开始就有着明确的职业规划，但他有一个特点：对于未来，他总是充满了好奇和憧憬。在20世纪90年代，互联网刚刚兴起，马斯克便看到了其中的商机，于是他参与了在线内容出版软件 Zip2 的研发，并成功将其卖出，赚到了他人生中的第一桶金。这是他职场生涯的初次试水，也是他找到“钱眼”的开始。

但马斯克并没有止步于此，他将目光投向了更远大的未来——太空。他创立了 SpaceX 公司，旨在降低太空旅行成本，实现人类太空移民的梦想。一开始，这个项目被许多人嘲笑为不切实际，但马斯克凭借着对科学的热爱和对未来的执着，一步步将 SpaceX 打造成了全球领先的航天公司。

在这个过程中，马斯克也遭遇了许多挫折和困难。火箭发射失败、资金短缺、技术难题……但正是这些挑战，让马斯克更加坚定了自己的信念，也让他在职场中找到了自己独特的“钱眼”——投入科技领域，永远站在科技的最前沿，颠覆传统，实现创新。

除了 SpaceX，马斯克还涉足了电动汽车领域，创立了特斯拉公司。在传统汽车行业还在纠结于油耗和排放问题时，特斯拉已经凭借着先进的电池技术和创新的营销策略，成为电动汽车行业的佼佼者。马斯克的这一举动，不仅改变了汽车行业的格局，也为他自己在职场中赢得了更多的尊重和认可。

马斯克的成功并非偶然，他之所以能在职场中找到自己的“钱眼”，是因为他敢于挑战传统，勇于创新，并且对自己的梦想有着坚定的信念。

当然，不是每个人都能成为马斯克，但他的经历也能给我们一些启示，帮助我们摸索出属于自己的“钱眼”。

首先，我们得有一把“利剑”——专业技能

马斯克的成功是建立在过硬的技术上的，没有专业技能的支持，即使发现了商机，他也不可能顺利赚到人生的“第一桶金”。

其次，我们得有一双“火眼金睛”——敏锐的洞察力

职场中充满了各种信息和机会，但也夹杂着不少陷阱和挑战。只有准确地识别出哪些机会值得抓住，哪些陷阱需要避开，我们才能准确地找到“钱眼”，在职场中游刃有余，立于不败之地。

再次，我们还要修炼好“内功”——良好的人际关系

在职场中，人脉就是资源，就是机会。学会和同事、上司、客户等各方人士建立良好的关系，不仅可以提升工作效率，还能在关键时刻获得帮助。

此外，我们还需要一门“外功”——团队协作能力

在职场中，单打独斗是大忌，我们必须学会与团队成员紧密合作，这样才能发挥出最大的威力，在激烈的竞争中拼杀出一片天地。

最后，我们还得练好“轻功”——灵活应变能力

职场变化莫测，需要随时准备应对各种突发情况。比如，项目突然延期、客户需求变更、团队成员离职等。在这些情况下，我们需要迅速调整策略，找到最佳的解决方案，这样才能应对各种挑战。

市场是不断变化的，“钱眼”也会随之移动。我们必须保持敏锐的洞察力和强烈的求知欲，就像是猎人追踪猎物一样，时刻保持警惕和敏锐，才能捕捉到那些稍纵即逝的商机。

找到自己的“钱眼”并不是一件容易的事情，但也不是遥不可及的梦想。只要用心去观察、去分析、去实践，总有一天会豁然开朗：“原来我的‘钱眼’就在这里啊！”到那时候，年入百万也就不再是遥不可及的梦想了。

09
Section

制胜关键：打造职场通用“硬技能”

在现代职场，跳槽或者转换职业赛道对于职场人士来说，已经成为屡见不鲜的现象。而那些真正有本事、有实力的人，即便跨越职业边界，也能轻松斩获成功。这背后的秘诀，正是他们所掌握的职场通用硬技能，这些技能如同金钥匙，为他们打开通往各个职业领域的大门。

那么，究竟什么才算是职场通用的“硬技能”呢？简单来说，就是那些能够通过学习、实践和训练来提高的，具有普遍适用性和可迁移性的技能。这些技能就像是你职场生涯中的“利器”，不仅现在的工作能用上，就算跳槽了、转行了，也照样能派上用场。

第一，沟通能力

“说话”的本事是职场中的“必杀技”，无论从事什么行业，会说话都能让你赢得不少印象分。无论是与客户谈判，还是与上司、下属、同事交流，都少不了沟通能力的支持。

沟通能力是可以通过训练和培养来获得提升的，先从学会倾听开始，记住保持眼神交流，适当点头表示理解，别人说话时别插嘴。这样，你至少已经成功迈出了成为沟通高手的第一步。

第二，学习能力

在这个信息爆炸的时代，知识更新速度之快，简直让人瞠目结舌。想要跟上时代的步伐，就得像海绵一样不停地吸收新知识，跟上时代的发展。怎么吸收新知识呢？靠死记硬背当然是不行的。学会高效学习，才能快速掌握新知识，这就是我们说的学习能力。比如，你可以尝试用思维导图来整理知识，或者利用碎片时间进行学习，时刻保持学习的热情和动力，不断更新自己的知识和技能储备。

第三，创新能力

接下来，是创新能力。未来，创新可是必备技能之一。如何修炼这项技能呢？首先，你得敢于挑战传统，勇于尝试新事物。比如，你可以尝试用不同的方法来解决问题，或者发明一些新奇的小玩意儿。其次，多参加一些创新竞赛或者加入创新团队也是个不错的选择，这样你就能在实践中不断锤炼自己的创新能力了。

第四，团队协作能力

未来，单打独斗可是行不通的，你得学会与团队成员携手共进，这就是团队协作能力。团队协作可不是简单地跟大家打成一片那么简单，在团队中，你要学会扮演不同的角色，既要能领导也要能跟随。有时候，你得像个指挥家，协调各方的节奏和步伐；有时候，你又得像个乐手，听从指挥，精准地完成自己的任务。这样灵活多变的角色转换，才能让你在团队中立于不败之地。

第五，情绪管理能力

别忘了情绪管理能力。职场中难免会遇到各种挫折和困难，这时候你可不能像个火药桶一样一点就着。学会调整自己的情绪，保持冷静和理性，才能在关键时刻做出正确的决策，让你的职场之路更加顺畅。

第六，实践能力

我们还得谈谈实践能力。未来，光有理论知识可不够，你还得具备强大的实践能力。怎么修炼呢？首先，你得敢于动手去做，勇于尝试新事物。比如，利用业余时间进行一些实践性的项目或者实验，这样才能在实践中不断积累经验。另外，多向身边的人请教和学习也是个不错的方法，这样就能在实践中不断提高自己的技能水平了。

打造职场通用硬技能就像是在修炼一门绝世武功。虽然过程艰辛，但只要你肯下功夫，勤加练习，总有一天你会成为职场中的“武林高手”。到那时候，无论是跳槽还是转行，就都能轻松应对，游刃有余啦！

Chapter Two

二

副业赚钱

——用时间换空间

01
Section

为什么物价飞涨，工资却不涨

大家有没有发现，现在去超市购物，感觉都没买什么，几百块钱就没了。再一看购物小票，好家伙——雪糕动辄就是五块、十块；青菜价格水涨船高；荤腥肉类更是不必说；就连日用品、消耗品，那价格也是连连增长……然而，打开工资条一看——真稳当！数字似乎还是从前的数字，几乎没有明显变化。

可真是奇了怪了，物价飞也似的涨，怎么工资却老是在原地踏步呢？难道物价和工资在赛跑，而工资总是跑不过物价？这又是个什么道理？今天，就让我们来一探究竟吧！

我们来聊聊物价为什么跑得这么快。

物价上涨的原因很多，比如全球经济的波动、原材料价格的上涨、运输成本的增加等。就拿石油来说吧，这可是个“大头”，油价一涨，物流成本就得跟着涨，物流成本一涨，运输价格就要提升，而最终这些增加的成本，都会转嫁到消费者头上。这些上涨的物价就出自各个环节增加的“成本”。

食品原材料的价格浮动与气候变化、地缘政治等因素息息相关，一旦这些因素发生变化，就可能导致食品原材料价格水涨船高，而一旦食品原材料价格上涨，就会带动一系列与之相关的产品价格上涨，包括新鲜售卖的蔬菜、肉类，经过加工制作的零食、熟食，以及饭店售卖的菜品等。

简而言之，在全球经济一体化的今天，任何一环的成本增加都可能最终导致商品价格的上涨。

那么，为什么工资却像老爷爷散步一样，慢悠悠地不肯涨呢？这其实与经济环境和企业的运营状况是息息相关的。一方面，在经济承压的大环境下，许多企业为了维持运营，不得不控制成本，其中就包括人力成本。在一些传统行业，由于竞争激烈，企业为了保持利润，可能会压缩人力成本，这样一来，工资的涨幅自然就有限了。另一方面，行业竞争也是影响工资涨幅的重要因素。

此外，失衡的供需关系也是导致工资增长缓慢和困难的重要原因之一。随着技术进步和自动化进程的推动，企业的人力成本也在减少，当市场上劳动力供应过剩时，雇主选择员工就拥有了更多的议价权。这也是绝大多数普通人即便不满意自己的工资，也不会轻易选择辞职或更换工作的原因之一。

物价飞涨而工资不涨，这确实让人头疼。但生活总是充满变数，也许明天，工资条上的数字就会给你一个惊喜。总之，物价飞涨而工资不涨是一个复杂的社会现象，背后涉及多种因素。但只要我们保持乐观的心态，积极面对挑战，相信总有一天我们会迎来那个“涨”声不断的春天！

02 Section

选择副业，明确思路很重要

在这个多元化发展的时代，很多人不再满足于一份稳定的工作，而是选择开拓自己的副业，以增加收入、丰富生活或者追求更多的个人成就感。但在选择副业的时候，很多人都是盲目的，看这个也好，看那个也不错，等真正去做了，又会发现这样那样的问题。

那么，在选择副业时，我们应该遵循怎样的思路，才能尽量少走弯路，寻找到真正适合自己的副业呢？

在选择副业之前，我们要明确两个定义：

天职——真正适合自己，并且能为自己提供幸福感、满足感和价值感的工作。

谋生职业——以赚钱为主要目的，为谋生而选择的工作。

明确这两个定义之后，我们就需要考虑，自己究竟是为了什么而寻找副业的，以及我们期望通过副业获得什么。

根据这个问题的答案，我们可以简单列出三种寻找副业的思路。

第一种：以寻找“天职”为主

在一份工作中，同时实现高薪、快乐以及良好的人际关系，这大概是每个人的期望，但同样也是十分难以实现的梦想。于是，有人打开思路：既然我们无法从一份工作中同时获得这些，那么是不是可以分开来实现呢？比如，做一份谋生的工作，再找一份能够提供情绪价值的“天职”。

通常来说，如果是抱着这样的目的去寻找副业，那么最好的思路就是从兴趣爱好出发，将兴趣爱好发展成自己的副业，这样不仅能够获得精神上的慰藉，也能发挥自己的一技之长。

当然了，如果我们寻找副业主要是为了寻找“天职”，那么很可能一开始的收入不会太理想，需要通过长期的积累和坚持，才能获得相应的回报。

第二种：以“谋生”为主

大多数人在寻找副业的时候，出发点都很简单，就是增加收入。他们的最终目标并不是让副业取代主业，而是打算通过副业来获得更高的收入，让自己过上更加安稳和多彩的生活。

抱着这样的想法和目的，在寻找副业时，可以尽量选择与自己本职工作相关的副业。相比其他比较陌生的领域，在自己较为熟悉和擅长的领域显然会更得心应手，而且还能有效减少前期投入的资本，有效节省时间和精力。

第三种：以“转业”为目的

有的人寻找副业，是抱着“转业”的目的，希望能够实现“零风险”的职业转换。会产生这样的想法，要么是对现有工作的发展前景不满，试图寻找更大的舞台；要么就是无法从现有的工作中获取情绪价值，试图通过平稳的过渡，在不影响谋生的前提下，将重心逐步转移到“天职”上。

因此，在寻找副业的时候，除了考虑自己的兴趣爱好之外，这份副业的收益率和未来发展前景等都是需要重点考量的问题。此外，想要实现平稳过渡，3~5 年的坚持和积累是少不了的，这需要我们付出极大的耐心和努力。

明确自己的选择后，就可以开始制定独属于你的副业选择思路啦！

03
Section

那些看似不起眼，但收益率很高的副业

主业不够，副业来凑。面对低迷的经济形势，想靠主业收入来跑赢飞涨的物价是比较困难了，但没关系，咱可以发展副业呀！在我们身边，许多看似不起眼的副业其实都蕴藏着巨大的商机，只要肯努力，有才华，懂市场，就能找到属于自己的财富之路，实现财富自由！

那么，接下来，就让我们一起看看，有哪些副业看似不起眼，但其实潜力无限，很能赚钱吧！

副业一：地摊经营

推荐人："地摊小王子"大明

大明是个资深"摆摊人"，还在上大学的时候，就常常利用课余时间摆摊赚零花钱。别看小小的一个地摊，收益率却一点也不低。

大明说，自己一开始选择摆地摊，主要是因为地摊经营成本非常低，只需要购买一定的货物和基本设备，就能立马开始自己的小生意。而且，地摊经营具备很高的灵活性，随时可以根据市场需求来调整所售商品，即使偶尔决策失误，也不会带来巨大损失。

当然，需要注意的是，地摊经营的收益率会受到多种因素的影响，包括地区、商品种类、经营成本、售价、市场需求等。此外，天气、政策等外部因素对地摊经营状况和收益率的影响同样也是比较大的。

总的来说，大明认为，地摊经营的收益率具有较大的不确定性。但在理想的情况下，如果地摊经营者能够准确把握市场机会，选择合适的商品和地点，并制定科学的经营策略，那么收益率还是非常可观的。

副业二：简单网络任务

推荐人：“全职宝妈”林女士

作为一名“全职宝妈”，林女士拥有的时间都是非常零碎的，毕竟宝宝第一嘛，不管什么时候，一听见宝宝的哭声，就得停下手头的事情。后来，一次偶然的机会，林女士发现，网络上的很多平台都会提供一些有偿的简单网络任务，如参与在线调查、数据输入或内容审核等，虽然每项任务的报酬不高，但只要有部手机就能随时参与，而且操作简单、需求量大，积少成多的收入也是相当可观的。况且，做这些任务，相当于是零成本的投入，每一分收益都是纯利润。

当然，毕竟要求低，零投入，收益率虽然高，但总收益仍然有限，如果希望获得更高的收益，还是需要考虑其他更具技术含量的副业或投资方式。

副业三：内容创作

推荐人：“斜杠青年”夜猫子

夜猫子自诩新时代“斜杠青年”，他除了做自己的本职工作外，还是网络上一名小有名气的内容创作者。他喜欢写作、拍摄及制作视频，一开始只是出于兴趣，制作一些搞笑视频和网友分享，后来拥有了一定的粉丝量之后，开始接到一些广告和赞助，并陆续开始制作一些高质量的付费内容来获得收益。

夜猫子表示，内容创作的收益率会受到多种因素的影响，包括内容质量、受众规模、平台选择、商业化模式等。对于刚涉足这个领域的内容创作者，可能需要一段时间的积累和沉淀才能获得稳定的收益。但随着内容质量的提升和受众规模的扩大，收益率也会逐渐提高，未来发展潜力是比较大的。

副业四：导航软件随手拍

推荐人："遛弯儿达人"刘大爷

刘大爷，热爱遛弯儿，更热爱边遛弯儿边"赚钱"。而帮助刘大爷通过这份热爱获得收益的，正是导航软件提供的"随手拍"功能——用户可以通过拍摄指定地点的照片来获得奖励。对于爱遛弯儿的刘大爷来说，这简直是再轻松不过的一种赚钱方式了，这边遛遛，那边遛遛，随手拍几张照片，就能把钱赚到手！

虽然从收益上来看，导航软件的随手拍报酬是相对较低的，但它最大的优点就在于轻松、灵活，可以在日常生活中随手完成，不需要特意安排时间去做这件事，算得上是"零成本"了。

04 Section

如何找到与兴趣关联的副业

每个人都有自己的兴趣爱好，而这些兴趣爱好，实际上都关联了不少职业，只是平时我们习惯了单纯地去做这件事，而没有琢磨在做这件事的过程中，牵涉到什么样的知识、技能，以及其中是否存在可获利或变现的东西。

比如，对文身感兴趣，那么可以关联到的职业有文身师、文身设计师、文身课程讲解师、文身练习皮生产商等；

喜欢看电影，那么可以关联到的职业有编剧、导演、演员、摄像师、剪辑师、灯光师、配乐师、影评人等；

对小说感兴趣，那么可以关联到的职业有小说家、编辑、图书经销商、图书出版商、封面设计师、书评人等。

总而言之，不管你对什么东西有兴趣，都能从它出发，找到若干关联的职业。那么，接下来，我们就一起按照以下步骤，来看一看该如何寻找到与自己兴趣相关的副业吧！

第一步：认清你的“真爱”兴趣

让我们想一想，自己真正感兴趣并热爱的东西是什么，是喜欢画画、做手工，还是对摄影、写作情有独钟？只有先想清楚自己真正热爱的事物，我们才能找到真正能够与自己的兴趣爱好相关联的副业。

第二步：做个简单的市场调查，寻找商机

明确了兴趣之后，接下来要做的就是市场调研了。我们可以通过社交媒体、朋友介绍或者网络搜索等途径，了解自己的兴趣爱好是否具备市场潜力。比如，要是喜欢画画，那么可以考虑将画作转化为商品，在艺术品市场或者线上平台上出售；要是喜欢写作，那么可以尝试写一些网文或者自媒体文章，通过阅读量或者广告分成来获得收益。

第三步：将兴趣转化为技能

如果只是单纯作为兴趣爱好，那么无论做得好还是坏，都不要紧。但如果想要将其变现，那么就必须把兴趣转化为技能了。这需要我们投入一些时间和精力去学习与提升。比如，如果喜欢摄影，那么可以学习一些专业的摄影技能，并参加一些摄影比赛或者展览来提高自己的知名度；如果喜欢做手工，那么可以尝试制作一些独特的手工艺品，并通过网络平台进行销售。

第四步：小试牛刀，逐步推进

如果已经做好了以上准备，那么就让我们开始吧！可以先从小规模开始尝试。比如，在社交媒体上分享我们的作品或者服务，看看市场的反应如何。如果反响不错，那么就可以考虑逐步扩大规模，甚至成立自己的工作室或者品牌了。

找到与兴趣关联的副业就像是一场寻宝之旅，我们需要不断探索、尝试和创新。但只要用心去寻找和挖掘，相信每个人都能找到属于自己的“宝藏”！

05
Section

选择这些副业，在家就能把钱赚到手

在多元化、快节奏的现代社会里，很多人都不满足于单一的职业身份，总想着在主业之余，开拓一片副业的疆土。特别是那些可以在家轻松上手的副业，既能增加收入，又能灵活安排时间，何乐而不为呢？

那么，究竟有哪些副业可以让我们在家就能把钱赚到手呢？

推荐一：自媒体运营

自媒体可谓是当下最火热的副业之一。只要开通微信公众号、微博、抖音等，就能轻松分享自己的独到见解、生活趣事或专业知识。只要有料、有趣、有观点，吸引粉丝关注不是难事。当然，想要脱颖而出，内容质量是关键。不要小看这个副业，一旦自媒体号做起来，广告商就有可能找上门来，那时候，收益自然水到渠成。

但需要注意的是，自媒体江湖水很深，既要耐得住寂寞，也要经得起诱惑。可别为了一时的点击量就牺牲了长远的发展。

推荐二：网络写作

如果你文笔好，或者对某个领域有深入的了解，那么网络写作绝对是副业的不二之选。无论是写小说、写散文，还是写行业分析、产品评测，只要你的文字能吸引读者，就有机会获得可观的稿费。更重要的是，你可以穿着睡衣、喝着咖啡，在键盘上轻轻敲击，轻松实现“宅家创业”。

但话说回来，写作这事儿，还是需要天赋和努力的。不是每个人都有韩寒、郭敬明那样的才情，所以，如果选择了这条路，就得不断学习、不断练笔，才能写出更好的作品。

推荐三：在线教育

如今在线教育行业发展如火如荼，你完全可以利用自己的专业知识或独特技能开设在线课程，进行远程教学。无论是英语、数学、物理等学科知识，还是烹饪、手工艺等实用技能，只要教得好，学生自然会慕名而来。

不过，在线教育也不是轻松的事儿。除了需要精心准备课程，与学生互动之外，还要不断更新教学内容，如此才能保持课程的吸引力。

推荐四：电商微商

如果你对销售和市场有独到的见解，那么电商微商也是一个不错的选择。你可以通过微信、淘宝等平台，销售你心仪的产品。无论是服装、化妆品，还是特色小吃、手工艺品，只要有眼光、有策略，就能在这个市场中分得一杯羹。

当然，做电商微商也需要一定的投入和精力。不仅要负责选品、拍照、上架，还要着手发货、售后等一系列流程。但只要用心经营，积累一定的客户和口碑后，收益自然会滚滚而来。

无论选择哪种副业，都要记住，天下没有免费的午餐，也没有轻而易举的成功。每一次成功的背后，都少不了辛勤的汗水和不懈的努力。

06
Section

上班族如何选择副业

甲方又在“无理取闹”，同事又在“推卸责任”，领导又在“无能狂怒”——想想银行卡里两位数的存款，想想下个月的房贷车贷，想想飞涨的物价和原地踏步的工资——算了算了，赶紧压压火气，收回蠢蠢欲动准备拍桌子的“爪子”，还是老老实实继续加班赶工吧！

或许——是时候考虑开启一份副业了！但如何才能在不耽误工作的前提下，选择一份适合自己的副业呢？

第一，得认清自己的“本钱”

这里说的可不是你的银行存款，而是你的技能、兴趣和经验。你是文案高手，是设计大咖，还是厨艺了得的吃货？总之，得先挖掘出自己的“独门绝技”，才能找到与之匹配的副业。

假设你是个文案高手，那么你可以考虑成为自媒体人或者接一些文案兼职。想象一下，在闲暇时间里，你敲击着键盘，文字如泉涌而出，既发挥了你的长处，又能让你的钱包鼓起来，何乐而不为呢？

如果你是个设计大咖，那么你可以尝试在各大设计平台上展示自己的作品，接一些设计业务。你可以为客户设计 LOGO、海报或者网站等，用你的创意和审美为客户带来价值，同时也为自己带来额外的收入。说不定哪一天，你的设计作品就会成为大街小巷的热门话题。

当然，如果你是个厨艺了得的吃货，那么你可以考虑开设自己的私家厨房或者烘焙店。在周末或者其他业余时间，你可以大展厨艺，制作各种美食和甜点，然后通过社交媒体或者口碑相传，吸引一批忠实的食客。想象一下，你的私家厨房成为食客们争相打卡的网红地，那种成就感可真是太美妙了！

第二，考虑好时间和精力的分配

在选择副业时，还要考虑到时间和精力的分配。毕竟，上班族的时间和精力都是有限的。所以，在选择副业时，要确保它不会影响到主业和生活质量。比如可以选择一些灵活性较高的副业，如线上教育、咨询服务等，这样就可以根据自己的时间安排来决定投入多少精力。

第三，摆正心态

不要把副业看成一种负担，而应该把它当作是一种乐趣和挑战。毕竟，副业不仅能增加收入，还能帮助我们拓宽视野、结交新朋友，甚至可能让我们发现自己之前从未意识到的潜力和兴趣点。所以，保持积极的心态，享受副业带来的乐趣吧！

第四，保持理性和克制

需要注意的是：副业虽好，但不要“贪杯”。在选择副业时，一定要结合自己的实际情况和能力来做出决定。不要盲目跟风或者贪图一时之利而选择不适合自己的副业。记住，适合自己的才是最好的！

总之，作为一名上班族，在选择副业时，一定要认清自己的优势，合理分配时间和精力，绝不能为了副业而影响到自己的主业和正常生活。毕竟，背负经济压力的我们，还得靠主业来谋生呢！至于将来副业是否能成为我们实现财富自由的关键，那就以后再去考虑吧。

07 Section

副业在什么阶段可以升级为主业

在当下这个多元化的社会，越来越多的人选择开启副业模式，试图在主业之外找到一片新的天地。其中有不少人更是成功把副业升级为主业，实现了职业赛道的转换。当然，这并不是一件容易的事情，毕竟副业升级为主业并不会一蹴而就，它需要经历几个关键的阶段，就像是游戏中的升级关卡，每一步都需稳扎稳打，方能成功晋级。

那么，在这个“打怪升级”的过程中，我们如何才能把握住关键的时机，来让副业实现“转正”呢？关于这个问题，不如就让“摄影达人”老 K 带领我们一起探讨探讨吧！

第一阶段：萌芽期——兴趣与尝试

很多人最初经营副业，往往源于个人兴趣或特长。比如老 K，他一直对摄影有着浓厚的兴趣，业余时间便拿起相机，捕捉生活中的美好瞬间。起初，他只是将作品分享在社交媒体上，获得了朋友们的点赞和好评。这就是副业的萌芽期，纯属兴趣驱动，没有太多经济收益。

第二阶段：成长期——积累与成长

随着时间的推移，老 K 的摄影技术越来越精湛，作品也开始在摄影圈小有名气。此时，他开始接到一些小型摄影项目的邀请，比如拍摄婚礼、宝宝照等。

这一阶段，副业开始带来一定的经济回报，但尚不稳定。此时，需要考虑的问题是，如何提高生产效率、优化产品质量，甚至可能需要学习一些营销和推广的知识。于是，老 K 在业余时间投入更多精力提升技术，同时也在学习如何经营自己的摄影事业。

第三阶段：稳定期——稳定与扩张

经过一段时间的积累，老 K 的摄影业务逐渐稳定下来，客户群也在不断扩大。他开始有意识地规划自己的摄影事业，比如制定价格策略、优化服务流程等。

到了这个阶段，副业的发展已经相对稳定了，具备了一定的客户基础和市场份额。这个时候，可以考虑是否要将更多的精力和资源投入到副业中，甚至可以考虑聘请帮手或者扩大经营规模。

比如此时的老 K 就发现，他的副业收入已经可以与主业相媲美，甚至有时超过了主业的收入。因此，他开始考虑是否要将摄影升级为主业。

第四阶段：转型期——转变与专注

当副业有了持续稳定的经济收入后，就是考虑是否转型的时候了。此时，老 K 对自己的摄影事业充满信心和激情，因此，他做出了一个重要的决定：辞去原来的工作，全心投入到摄影事业中。

这一阶段，副业已经完成了向主业的华丽转身。需要注意的是，在这一阶段，我们需要对副业进行更深入的规划和发展策略的制定。比如，可以考虑注册公司、申请商标、拓展销售渠道等。同时，我们也需要评估自己的能力和兴趣是否足以支撑我们将副业发展为主业。

通过以上四个阶段的逐步演进，我们可以看出副业升级为主业的关键在于以下几点：

一是兴趣与热情的持续驱动；

二是技术与能力的不断提升；

三是市场需求的稳定与增长；

四是经营管理的规范与优化。

最后要说的是，在副业升级为主业的过程中我们还需要注意风险控制和财务管理。毕竟从副业到主业是一个跳跃式的发展过程，我们需要做好充分的准备和规划才能确保这一过程的顺利进行。记住：稳扎稳打才是王道！不要因急于求成而忽略了潜在的风险。

08
Section

没天赋没助力，如何撑起你的野心

在这个充满竞争的时代，每个人或多或少都有些野心，谁不想升职加薪，走上人生巅峰呢？但问题是，当你既没天赋异禀的能力，也没有来自其他方面的强大助力时，又该如何撑起你的梦想和野心呢？从杨帆的经历中，我们或许可以找到答案。

杨帆是一名普普通通的大学生，毕业后，他怀揣着满腔热情立志要成为一名顶尖的互联网产品经理。但问题是，杨帆既不是计算机天才，也没有行业“大佬”的帮助、扶持，他要怎么做才能实现自己的目标呢？

能力和背景并不是与生俱来的，而是可以通过后天的努力去积累和提升的。杨帆很清楚这一点，他也坚信，自己虽然起点低，但可以通过不断学习来提升自己。因此，杨帆做的第一步，就是让自己有“自知之明”，清楚地认识到自己的不足，这样才能对症下药。

比如，他知道自己在专业技能上有所欠缺，便利用业余时间学习产品设计的理论知识，通过在线课程、书籍、行业大佬的分享，不断充实自己。每当遇到不懂的问题，他都会厚着脸皮向行业内的前辈请教，甚至不惜“缠”着他们问个不停。这种“厚脸皮”精神，让杨帆在短时间内积累了大量的知识和经验。

此外，杨帆也明白一个道理：实践出真知。因此，他不仅在理论上提升自己，还积极寻找实践机会。比如主动加入一些互联网产品相关的社群和论坛，参与讨论，甚至自告奋勇地帮助一些小公司做产品优化的建议。虽然起初他的建议可能不够成熟，但正是这种敢于尝试的精神，让他在实践中不断锤炼自己的能力。

当然，光有能力还不够，杨帆也十分注重人际关系的建立。他深知，在这个人脉即财富的时代，一个人的力量是有限的，必须学会借助他人的力量。于是，他积极参加各种行业聚会和活动，与同行交流，建立联系；寻找业内的导师或者前辈，向他们请教和学习。这些看似不起眼的社交活动，却在日后为他带来了不少机会和帮助。

就这样，经过一段时间的努力，杨帆的能力得到了显著的提升。终于有一天，他得到了一个知名互联网公司产品经理职位的面试机会。在面试中，他凭借自己扎实的理论基础、丰富的实践经验以及良好的社交能力，成功打动了面试官，顺利拿到了录取通知。

杨帆的未来会如何，我们无法预测，但他确实凭借自己的努力，稳扎稳打地站上了梦想的赛道。可见，天赋和背景固然重要，但更重要的还是努力与坚持，只要愿意付出，不断学习，勇于实践，未来的路就一直在我们脚下。

09
Section

如何利用自身优势变现

每个人都有自己独特的优势，有些人擅长唱歌，有些人精通技术，还有些人可能拥有一张能说会道的嘴。而在这个信息爆炸、竞争激烈的时代，“人人都是自媒体”，每个人都有机会主宰自己的人生，利用自身优势变现。

那么，具体应该怎样做呢？

首先，咱们得明确一点：你具备什么优势，是擅长写作、演讲、设计，还是有着独特的商业眼光。不管是哪一种，都有可能成为你变现的法宝。

文学爱好者小李，平时就喜欢在网络上写一些短篇小说。一开始，他只是把写作当作一种爱好，但渐渐地，他发现自己写的故事很受网友欢迎。于是，小李决定尝试将这一优势变现。他开始在一些网络平台上连载自己的小说，并通过平台的分成机制获得收益。同时，他还开设了一门写作培训课程，教授别人如何写出更好的故事。有了一定知名度后，小李不仅实现了自己的文学梦，还通过写作赚得盆满钵满。

小张，一个天生的演说家，平时最爱对各种事情“指指点点”，没少因为这张嘴得罪人，“毒舌”功力极强。一开始，小张只是因为看到一则新闻，觉得不吐不快，便随手在某短视频平台上发了一条短视频，输出自己的观点。收获不少点赞后，小张意识到，自己的“嘴炮”技能或许也能变成流量。于是，他开始定期在各平台发布短视频，从简单的吐槽评论，到后期编写剧本，拍摄有趣的短视频，很快就积累了一定的粉丝量。如今，小张已经小有名气了，也接到了不少广告合作，成功将优势变现。

从小李和小张的经历可以看到，利用自身优势变现并不是一件难事。关键是要认清自己的长处，找到适合自己的变现途径。当然，这个过程可能会遇到各种困难和挑战，但只要我们坚持不懈，勇于创新，就一定能找到自己的财富之路。

一般来说，我们可以从以下几个方面进行考虑：

第一，技能变现

每个人都有自己的独特技能，无论是编程、设计、写作、翻译，还是烹饪、手工艺等。这些技能，就像你身上的“金矿”，只要你愿意开采，就能变成闪闪发光的金子。

第二，知识变现

在这个信息爆炸的时代，知识就是力量，也是财富。如果你在某个领域有深厚的专业知识，比如法律、医学、教育等，那么可以考虑通过咨询顾问、在线教育或者写专业书籍来进行变现。

第三，身体优势变现

这里说的身体优势，包括外貌、健康、协调性等。比如身体健康、充满活力，可以在线指导别人塑造健美的身材等。

第四，人际关系变现

在这个人脉就是资源的时代，人际关系网也是一笔不小的财富。如果你在某个圈子有广泛的人脉，那么可以考虑做中介或者代理，帮助别人牵线搭桥。

总之，只要善于发现自身的优势并巧妙地利用它们，实现变现并不是难事。记住，你的优势就是你的资本，只要你用心去发现、去挖掘，就一定能将它们变成真金白银。

Chapter Three

三

赚钱的底层逻辑

——钱从哪里来?

01
Section

流量思维：互联网时代的赚钱新密码

在数字时代，流量思维已成为解锁财富之门的金钥匙。谁掌握了流量，谁就相当于掌握了财富的命脉。

流量，简而言之，就是人气、关注度。想象一下，互联网就像是一个大商场，而流量就像是逛商场的客人。客人越多，商场的生意自然就越红火。同样，你的网站、你的产品，如果能吸引更多的“客人”，那赚钱的机会可就大大增加了。可见，在这个“眼球经济”的时代，流量几乎等同于金钱。

对于互联网人来说，所有的客户都是后台的一个数字，也就是流量，而互联网的生意，做的就是流量买卖的生意，这样的思维，我们称之为“流量思维”。简单来说，所谓“流量思维”，其实就是一种以用户关注度为核心的经营策略。

那么，怎样才能吸引流量呢？有人说：“简单，打广告啊！”没错，广告确实是个办法，但如果你以为仅仅靠砸钱打广告就能解决所有问题，那你可就大错特错了。在这个信息爆炸的时代，谁能够吸引更多的目光，谁就能够掌握更多的商业机会。而流量思维不仅仅是追求点击量或者关注度，更是要通过精准的内容输出，建立起与用户的深度连接，从而实现商业价值的最大化。

"网红"小杨是一名搞笑视频创作者，一开始他只是在社交媒体上分享自己的搞笑日常，没想到这些视频的播放量迅速提升，吸引了大量粉丝。小杨很快意识到，自己手中的流量其实是一笔巨大的财富。于是，他开始尝试与品牌商合作，为他们的产品制作植入式广告，将搞笑内容与广告宣传巧妙地结合在一起。

不仅如此，小杨还开设了自己的网店，售卖与搞笑视频相关的周边产品，比如印有他经典台词的T恤、帽子等。这些产品受到了粉丝们的热烈追捧，网店的销售额节节攀升。

小杨的成功并非偶然，而是他敏锐地捕捉到了流量思维的精髓。他明白，在这个时代，流量就是商业价值的源泉。通过精准地定位自己的目标受众，持续地输出高质量的内容，以及巧妙地与商业合作相结合，小杨实现了从搞笑视频创作者到创业者的华丽转身。

当然，流量思维并不是万能的，它也需要与其他商业策略相结合才能发挥出最大的威力。首先，你要有敏锐的市场洞察力，知道哪些话题是热点，哪些内容能吸引眼球。比如，近年来兴起的短视频平台，为什么能吸引那么多用户？因为它们的内容短小精悍，直击人心。

其次，你需要有创新精神。互联网上的内容层出不穷，要想在这片信息的海洋中脱颖而出，就必须有独特的内容或者独特的呈现方式。

再者，你要懂得如何利用现有的流量，懂得"借力打力"，抓住"热点""爆点"，实现引流。

最后，平和的心态也是必不可少的。毕竟，互联网上竞争激烈，今天你可能还是"网红"，明天就可能被新人取代。所以，保持一颗平常心，不断学习和进步，才能在流量为王的时代立于不败之地。

02
Section

产品思维：打造客户心中的“爆款”

在这个“万物皆可为产品”的时代，产品思维不仅仅是产品经理的必修课，更是每一个创业者、业务人员甚至是消费者都应该掌握的一种思维方式。那么，什么是产品思维？简而言之，就是以解决用户需求为核心，通过精心设计、不断优化，打造出能够引起用户共鸣的产品。这种思维方式，无论是对企业还是对消费者，都具有深远的影响。

某品牌的洗发水曾在市场上占有一定的份额，并因其独特的产品特性和市场定位而受到消费者的喜爱。然而，一次全面的品牌升级，却意外地导致了其市场份额的大幅下滑。

当时，这一品牌为了迎合新一代消费者的审美和功能需求，对产品进行了全面升级，彻底更改了包括产品包装和配方在内的多项内容，使得新产品与旧产品相比几乎焕然一新。然而，全面升级的结果却是，因为新产品变化过大，直接打破了老客户与品牌之间的情感联系，很多长期使用该品牌洗发水的老客户都无法接受这样的改变，最终导致该品牌洗发水的销量严重下滑。

该品牌产品升级的失败，主要在于三个方面的原因：

第一，忽视消费者习惯

在品牌升级时，该品牌过于追求创新和变革，却忽视了消费者长期养成的使用习惯和品牌忠诚度。这种剧烈的改变让消费者感到陌生和不适，导致他们选择其他更熟悉的品牌。

第二，缺乏市场调研

在全面推广新产品之前，该品牌并没有通过充分的市场测试和调研来收集消费者反馈。这导致品牌无法及时发现并调整新产品可能存在的问题和不足。

第三，过度依赖明星效应

在出现销量下滑的情况后，该品牌试图通过签约明星作为代言人来挽回市场。虽然短期内提升了销售额，但这种效应未能持续，且明星形象与品牌原有形象不符，进一步削弱了品牌形象。

从这几方面的原因不难看出，该品牌之所以会出现这样的决策失误，归根结底就在于在决策过程中缺乏产品思维。而这也告诉了我们一个道理：只有真正站在用户的角度思考问题，才能创造出让用户爱不释手的产品。

那么，怎样才能做好这一点呢？

第一步：深入了解用户需求

产品思维强调以用户为中心，只有真正站在用户的角度思考问题，才能设计出符合市场需求、让用户满意的产品。

第二步：精心设计，持续优化

产品思维注重创新和优化，企业需要不断推陈出新，才能保持领先地位。同时，还需要通过对产品的持续优化，不断提升用户体验，增强产品的竞争力。

第三步：营销推广，扩大品牌影响力

基于产品思维，企业应根据不同用户群体的特点，制定个性化的营销推广策略。例如，通过社交媒体平台发布有针对性的内容，或者举办符合目标用户兴趣的线下活动等。

03 Section

成本思维："省"到也是赚到

有人说赚钱就是一场没有硝烟的战争，这话一点没错。在这场战争中，想要取胜，你不仅需要有独特的创意、稳定的流量，更需要有一种至关重要的思维——成本思维。

什么是"成本思维"呢？简单来说，就是在做任何决策时都充分考虑到成本因素，力求以最小的投入获得最大的收益，既要会赚钱，也要会省钱。毕竟赚钱不是简单的"收入－支出＝利润"，而是要在保证质量的前提下，尽可能地降低成本，提高利润，"省"到即赚到。

提到"降低成本"，有人可能会说："那还不简单，我买最便宜的原材料，削减员工工资不就行了？"如果你有这种想法，那可真是大错特错了。降低成本不是简单地削减开支，而是要通过合理的规划和优化来达到目的。

举个例子，如果你是一个刚刚步入社会的年轻人，收入十分有限，那么在租房时，你可能面临几种选择：一是租住在市中心的高档公寓，生活条件好，距离公司近，但租金高昂；二是选择稍远一些但租金比较便宜，交通也比较方便的老旧小区；三是选择地处偏远的民宿，但租金十分低廉。

如果只是单纯地从削减开支方面考虑，那么很显然，你会做出第三种选择。但问题来了，第三种选择真的能够降低你的“成本”吗？选择地处偏远的民宿，租金方面确实能节省很多。但距离远、交通不便，则会给你的工作和生活增添很多麻烦，单单是浪费在交通方面的时间与精力就是一笔不小的消耗。

但要是你懂得利用成本思维去分析和考虑，就会发现，第二种选择对于你的现状来说，或许才是最合适的。首先，住在市中心确实方便，但高昂的房租会消耗你大部分的收入。而选择距离稍远、交通方便的老旧小区，虽然通勤时间长一些，但因为交通便利，不会造成太多麻烦，甚至在路途中，还可以看书学习，既节省了开支，又没有浪费时间。

其实，成本思维不仅仅是为了省钱，更是一种理性的消费观念。它让我们在消费前深思熟虑，避免盲目跟风或者冲动消费。通过成本思维，我们可以更加清晰地看到每一分钱的去向，从而更好地规划自己的财务。

除了个人生活，成本思维在商业领域也有着广泛的应用。比如，一家企业在决定生产某种产品时，需要充分考虑到原材料成本、人工成本、运输成本等多个方面。只有全面分析并控制好各项成本，才能在激烈的市场竞争中脱颖而出。

再比如，某餐饮连锁店在考虑是否要推出一款新菜品时，也需要运用成本思维。他们需要评估新菜品的食材成本、烹饪成本、人工成本等，还要预测新菜品的市场接受度和定价策略。只有当新菜品的预期收益大于其成本时，这个决策才是明智的。

总之，成本思维并不是要你变成一个抠门的守财奴，而是要你在赚钱的过程中保持清醒的头脑和敏锐的洞察力。明白哪些钱是值得花的，哪些钱是可以省的。只有这样，你才能在赚钱的道路上越走越宽、越走越远。

04
Section

利润思维：理性投资，智慧决策

人们在做出任何决策之前，必然都有自己的考量，考量不同，选择自然也不同。而在商海中沉浮，想要取得成功，就要懂得用“利润思维”来进行决策。

那么，什么是利润思维呢？简单来说，就是在经营活动中，要时刻把利润放在心上，始终以追求利润最大化为目标，以最小的投入换取最大的回报。这种思维方式，就像是一个精明的商人，时刻在算计着如何把一分钱掰成两半花，同时又能把每一分钱都赚回来。

李老板的超市经营策略或许能让我们更深入地了解到这种思维方式的魅力。

李老板经营着一家小型超市，多年来生意一直都很平稳，但利润始终没有明显的提升。他逐渐意识到，如果想要在竞争激烈的市场中脱颖而出，就必须运用“利润思维”来重新审视自己的生意。

首先，他开始关注成本控制。通过精细化管理，他减少了浪费，比如优化库存，减少过期商品的损失；他还与供应商展开谈判，重新拟定了合同，降低进货成本。这些举措看似微小，但积少成多，对利润的贡献不容小觑。

接下来，李老板开始考虑提高销售效率。他引入智能化的收银系统和库存管理，有效减少了人工错误，并提高了结账速度和客户满意度。同时，他还推出了一系列促销活动，吸引了更多的顾客进店消费。

但李老板并没有止步于此。他开始思考如何通过优化产品或服务来提高利润。他发现，虽然超市里的商品种类繁多，但有些商品并不受顾客欢迎，反而占据了宝贵的货架空间。于是，他果断淘汰了这些滞销商品，引入更多顾客喜爱的热门商品。同时，他还增加了一些高利润的特色商品，如进口零食、有机食品等，进一步提升了利润空间。

这些改变让李老板的超市焕然一新。成本控制得当，销售效率提高，产品优化也让顾客更加满意。很快，他的超市就在附近地区脱颖而出，利润也随之得到大幅提升。

赚钱的最终目的就是为了获得利润。没有利润的生意，做得再好也只是个空架子。就像是一个华丽的舞台，如果没有观众买票进场，那也只是个摆设而已。而利润思维就是要让我们时刻关注着自己的“钱袋子”，确保每一分钱都花在刀刃上，每一分钱都能赚回来。

当然，“利润思维”并不仅仅局限于商业领域。在我们的日常生活和工作中，这种思维方式同样具有重要的应用价值。比如，在规划个人职业发展时，我们可以运用“利润思维”来权衡投入与产出的关系，选择最具发展潜力的职业方向；在投资理财时，我们也可以运用“利润思维”来评估风险和收益的关系，做出更明智的投资决策。

总之，“利润思维”是一种非常重要的思维方式。它让我们更加关注投入与产出的关系，追求利润的最大化。在竞争激烈的市场环境中，掌握“利润思维”无疑是我们走向成功的重要武器。

05
Section

五年内从千万负债到千万资产

在这个经济飞速发展的时代，资产的大起大落对于很多人而言已是常态。有人因一时不慎跌落谷底，也有人能凭借一股不服输的劲头东山再起。

老罗的人生就是如此，从投资失败，负债千万，到逆风翻盘，资产千万，不过短短五年的时间里，他尝尽人情冷暖，看遍世间百态。那么，老罗究竟是如何做到逆风翻盘，缔造出这样的财富奇迹的呢？一起来看看他的故事吧。

老罗曾经是一个充满活力和梦想的年轻人，从学校毕业就和好友一起创业。当时，智能手机刚刚兴起，市场对移动应用的需求激增。老罗敏锐地捕捉到了移动互联网的商机，创立了一家移动应用开发公司，并推出多款备受欢迎的应用，迅速占领市场份额，公司的估值也水涨船高。

然而，好景不长。随着市场竞争加剧和技术的快速更新，老罗的公司逐渐面临巨大的经营压力。加之后来合伙人的背叛和一系列失败的投资尝试，老罗背上了千万负债，生活几乎陷入绝境。

经历了一段时间的低谷后，老罗开始重新审视和反思自己的经营策略，并下定决心，要用五年的时间还清所有债务，并积累起自己的财富。那么，他具体做了哪些事情呢？

第一，重新审视自我与资源

老罗首先对自己进行了深刻的反思，并分析了自己失败的原因。除了没有跟上市场发展的步伐，和合伙人的背叛之外，在投资方面的失败，主要还是缺乏足够的市场调研和风险评估。这是一块很大的“短板”，于是，老罗开始系统地学习财务管理和市场营销的知识，同时盘点自己的资源和技能，为下一步行动打下基础。

第二，发掘商机，精准定位

在深入市场调研的过程中，老罗发现了一个被忽视的细分市场——为中小企业提供定制化的网络营销解决方案。当时，很多中小企业都渴望通过互联网拓展业务，但苦于缺乏专业知识和资源。老罗看准机会，决定从这个领域入手，焕发自己的事业“第二春”。

第三，组建团队，共同奋斗

老罗明白，单凭一己之力难以实现目标。于是，他积极寻找志同道合的伙伴，最终组建了一个拥有不同专业背景的小团队。他们以高效、创新和客户至上为原则，迅速在市场上打开局面。

第四，注重服务与口碑

老罗非常重视客户服务和口碑建设。他要求团队成员对每个项目都精益求精，确保客户满意度。通过客户的口口相传，他们的业务得以迅速扩张。

经过五年的不懈努力，老罗不仅还清了千万负债，还积累了千万资产。他的公司也从一个小型创业团队发展成为行业内知名的网络营销服务提供商。

五年内从千万负债到千万资产，这不仅仅是一个数字的变化，更是一个人心态和命运的蜕变。在这个充满挑战和机遇的时代，我们每个人都可以成为自己命运的主宰。老罗的成功也并不是偶然，这是他不断努力和坚持的结果。

如果你也想实现从负债到资产丰厚的转变，不妨学习一下老罗的精神和方法，相信你也能够走出一条属于自己的成功之路！

06
Section

做到三个一，30 岁挣得百万年薪

不久前，偶遇一位学长，聊天中得知，刚步入 30 岁门槛的他，去年年薪就已经超过了百万！那么，他究竟是如何做到的呢？对于这个问题，学长给出了“三个一”的答案，并坦言，做到这“三个一”，就有机会获得让人梦寐以求的薪资。

第一个“一”：一以贯之的专业深耕

想要在职场中立足，首先必须在本专业领域内有所建树。这需要我们选定一个领域，然后持之以恒地进行深耕。专业深耕不仅仅是对专业知识的不断学习和积累，更是对行业动态、市场趋势的敏锐洞察。例如，你可以通过参加行业研讨会、阅读专业书籍和期刊、关注行业大咖的观点等方式，来不断提升自己的专业素养。

更重要的是，专业深耕需要我们具备创新思维和解决问题的能力。在面对复杂多变的工作场景时，能够灵活运用专业知识，提出创新性的解决方案，从而为公司创造更大的价值。这种能力往往是高薪职场人所必备的。

第二个“一”：一丝不苟的工作态度

职场中，工作态度往往决定了一个人的职业高度。那些挣得百万年薪的职场精英，无一不是以一丝不苟的工作态度来对待每一项任务。他们明白，只有用心做好每一件事，才能在职场中建立起自己的信誉和口碑。

一丝不苟的工作态度体现在对细节的把握、对质量的追求以及对时间的尊重等方面。比如，在撰写报告时，他们会反复推敲文字表达是否准确、数据是否真实可靠；在与客户沟通时，他们会认真倾听客户需求，并提供专业、周到的服务。这种工作态度不仅能够提升个人的职业素养，还能够为公司创造更大的价值。

第三个“一”：一往无前的自我驱动力

职场中，想要获得成功，就必须拥有强大的自我驱动力。这种驱动力来自于对成功的渴望、对挑战的热情以及对自我价值的追求。那些挣得百万年薪的职场精英，都具备这种一往无前的自我驱动力。

他们不会满足于现状，而是会不断地给自己设定更高的目标，并努力去实现这些目标。在面对困难和挑战时，他们会迎难而上，积极寻找解决问题的方法和途径。同时，他们也会不断地进行自我反思和总结，从而不断完善自己、提升自己。

总的来说，“三个一”——一以贯之的专业深耕、一丝不苟的工作态度和一往无前的自我驱动力，是挣得百万年薪的职场精英所必备的品质和能力。对于我们每一个职场人来说，只有不断地学习和借鉴这些成功经验，努力提升自己的职业素养和能力水平，才能在职场中脱颖而出，实现自己的高薪梦想。同时，我们也要明白，成功并非一蹴而就，而是需要长期的努力和坚持。只有持之以恒地付出努力和汗水，才能收获属于自己的成功和幸福。

07
Section

一个想法让你成为千万富翁

你想成为千万富翁吗？听到这个问题，很多普通人或许都会摇头失笑，觉得这是一个遥不可及的梦，实在太不现实了！但其实，这也并非不可实现的，只看你有没有勇气去追求，去尝试，并最终用智慧去让这个梦变成现实。

在这个时代，最值钱也最稀缺的东西，是创意、是想法，有时候，只要抓住那一闪即逝的想法、灵光，就能掌握财富密码，实现人生的逆袭。

以农民小张为例。他原本是一个普通的农民，但他发现了有机农业的商机，抓住了某个时刻那灵光一闪的想法。通过精心种植无农药、无化肥的有机蔬菜，并利用互联网进行销售，他成功开拓了一个全新的市场。仅仅一年时间，他的收入就突破了百万大关，成为千万富翁指日可待。可见，即使在传统的行业中，只要有心，也能发掘出新的商机。

再来看小李的例子。他是一名自媒体创作者，通过创作有趣、有料的短视频，在各大平台上吸引了大量粉丝。他与品牌商合作，进行产品推广，同时还开设了在线课程，分享他的创作经验。一年内，他的收入也轻松突破了百万。而他之所以会投身自媒体行业，也不过就是某个时刻看到别人拍摄的短视频时的灵光一闪。可见，利用自己的特长和兴趣，结合互联网的力量，同样可以创造惊人的财富。

除了小张和小李，还有很多人通过不同的方式，在捕捉到自己的某个想法后，实现了成为千万富翁的财富目标。他们中有的是创业者，有的是投资者，有的是专业人士。而他们的共同点就在于，都拥有敏锐的市场洞察力、快速而果断的行动力、持续学习和创新的能力以及坚韧不拔的毅力。

第一，敏锐的市场洞察力是关键

成功者总是能够先于他人识别出市场趋势和消费者需求的变化。他们时刻关注行业动态，深入了解市场，从而能够预测哪些领域有增长潜力。

第二，快速而果断的行动力也至关重要

当识别到一个有潜力的商机时，他们不会犹豫不决，而是迅速制订计划并付诸实践。这种行动力让他们能够抢占先机，在竞争激烈的市场中脱颖而出。

第三，持续地学习和创新也是成功的秘诀之一

他们不断提升自己的专业技能和知识，以适应不断变化的市场环境。同时，他们也勇于尝试新的商业模式和策略，以寻求更大的突破。

第四，坚韧不拔的毅力是成功的关键因素

在创业过程中，他们遇到了无数的困难和挑战，但他们从未放弃。正是这种毅力支撑着他们不断前行，最终实现了财富目标。

很多时候，所谓的“灵光一闪”也并非是凭空出现的，它需要时间、耐心和努力的积累，是一种量变引发质变的过程。想要拥有“灵光一闪”的瞬间，抓住能让你实现千万财富梦想的“想法”，就努力地提升自己，不断提升自己的智慧、能力与价值吧！

08
Section

农村户口的利好

现在的农村已经不同往日，在“乡村振兴战略”的加持之下，发展空间不断拓展，利好政策接二连三，因此，农村户口成了新时代的“香饽饽”。那么，拥有农村户口，到底能为我们带来哪些便利呢？对此，小张绝对是最有发言权的。

小张出身农村，拥有的正是农村户口。大学毕业后，他注意到了绿色有机农业的市场潜力，于是便决定离开大城市，回老家自行创业。

小张在自己的家乡租用了几十亩土地，开始种植有机蔬菜。并利用农村户口带来的土地承包优惠政策，以较低的成本获得了稳定的土地资源。除了土地承包优惠，小张还申请了农业贷款补贴，用于购买种子、肥料和农机具。此外，他还参加了政府组织的农业科技培训，提高了种植技术。

经过几年的努力，小张的有机蔬菜种植基地已经初具规模。他的产品远销至周边城市，甚至出口到国外。小张不仅自己致富，还带动了周边农民的就业，增加他们的收益。

可以说，小张的成功与农村户口带来的利好是息息相关的，尤其是在创业初期，如果没有这些帮扶，小张的创业之路势必要艰辛得多。

那么，农村户口究竟有哪些利好呢？一起来盘点一下吧！

第一，土地承包和宅基地使用权

农村户口的持有者可以在自家宅基地上建房，并享受政府对宅基地、土地及林地的部分补贴。这种政策为农民提供了稳定的土地资源和住房保障。而且，农村户口创业者还可以利用自己的宅基地或承包土地进行创业，如发展特色农业、养殖业等。这种土地资源的利用方式能够降低初期的投入成本。

第二，集体收益分配权

在一些地区的农村，只要是本村户口的村民，无论年龄大小，每年都能从村集体产业中获得分红。这是农村户口持有者特有的一项经济权益。

第三，政策扶持与补贴

对于有创业意愿和项目的农村户口持有者，经过乡政府实地考察，符合条件的可以获得一定金额的创业补贴。而且，农村户口创业者在创业成功后，可以享受一定期限的税收减免优惠，这有助于降低创业初期的经营成本。再者，农村户口的创业者还可以申请农业贷款或其他相关贷款，通常这些贷款会有较低的利率或贴息政策，以减轻创业者的资金压力。

第四，成本优势

农村地区的劳动力、原材料等成本相对较低，这使得农村户口的创业者在成本控制方面具有一定的优势。

第五，市场与渠道优势

随着农村经济的发展，农村市场的需求也在不断增加。农村户口的创业者更能理解和把握这一市场的需求，从而开发出更加符合农村市场特点的产品或服务。此外，借助互联网平台，农村户口的创业者也可以将自己的产品或服务销售到更广阔的市场，打破地域限制，提高收益。

09 Section

低收入者跟着做就能买房买车

对于低收入者来说，买房买车似乎是一个遥不可及的梦想。面对这种情况，想要自己的钱包既能满足当下的快乐，又能为未来的安稳生活打下基础，培养理财思维是非常重要的。

理财这件事，就像是我们日常生活中的盐，不可或缺，且影响着我们的“经济健康”。理财不是富人的专属游戏，而是每个人都需要掌握的生活技能。不管你是月入过万的高薪族，还是月入三千的打工人，都应该学会合理地规划和利用自己的资金。

理财不仅仅是“省钱”那么简单，它是一种全面规划个人财务，实现资产增值的艺术。下面，让我们跟随“理财达人”钱贝贝一起，来看看他是如何培养理财思维，过上有车有房的美好生活的吧！

钱贝贝，一个刚毕业的年轻人，怀揣着满腔热血和对未来的憧憬踏入社会。然而，很快他就发现，单靠那点微薄的薪水，想要实现财务自由简直是天方夜谭。于是，他决定开始理财。

第一步：设定理财目标

设定明确的理财目标是培养理财思维的第一步。一个清晰的目标能够帮助你在实践过程中不断调整策略。

钱贝贝很清楚这一点，因此，在决定开始理财之际，他就给自己定下了第一个理财目标：在一年内攒下两万块钱。这个目标既具体又可行，为他后续的理财计划指明了方向。

第二步：了解自身财务状况

了解自己的财务状况是理财的基石。只有清楚知道自己的收入和支出情况，才能制定出合理的预算和储蓄计划。

于是，钱贝贝开始仔细审视自己的收支情况。他发现，自己每个月的房租、交通、饮食等固定支出就占去了薪水的一大部分。于是，他决定通过减少不必要的开销，比如减少去餐馆的次数，选择公共交通等方式来节省开支。

第三步：制定预算并坚持执行

预算是理财的利器。通过制定预算并坚持执行，不仅可以控制支出，还能培养出良好的消费习惯。

根据自己的财务状况，钱贝贝制定了一份详细的预算表，包括每个月的固定支出、可变支出以及储蓄目标。他还下载了一款理财 App，每天记录自己的开销，确保不超出预算。

第四步：多元化投资

投资是实现资产增值的重要手段。多元化投资可以降低风险，提高收益的稳定性。当然，投资前一定要做充分的研究和准备。

在攒下一些钱后，钱贝贝开始考虑如何让这些钱生钱。他研究了各种投资渠道，包括股票、基金、债券等，并最终决定采用分散投资的策略，将资金分配到不同的投资品种中。

第五步：持续学习和调整

理财思维的培养是一个长期的过程。通过持续学习和调整策略，我们可以更好地应对市场变化和个人财务状况的变化。

为了提升自己的理财能力，钱贝贝订阅了财经杂志，参加了一些线上理财课程，还加入了一个理财交流群，与志同道合的朋友们分享经验。

经过一年的努力，钱贝贝不仅成功攒下了两万块钱，还对自己的财务状况有了更清晰地认识。他笑着说："理财就像一场游戏，只要掌握规则，就能如鱼得水。即使收入不高，通过培养理财思维，也能实现买房买车的梦想！"

Chapter Four

四

顶尖销售法则

——销售，玩的就是情商

01 Section 销售情商的运用

翻开购物清单，你会发现，在你购买的诸多商品中，并不是所有商品都是非买不可的，也不是所有商品都是无可替代的，甚至不是所有商品都具备高性价比的特质。那么，当一件商品既不是非买不可的必需品，也不是无可替代，或最具性价比的东西时，是什么促成了你的购买行为？

或者我们可以换一个问题：当许多商家或平台都在售卖同一种商品，并且价格差距不明显的情况下，是什么原因促使你选择在某一平台或商家购买这件商品的？

仔细思考一下，你会发现，除去那些林林总总的偶发性因素，促成我们购买行为的一大关键因素，其实就是平台或商家的“销售策略”。

回想一下那些购物冲动产生的瞬间：

镜头下璀璨夺目的珠宝，闪耀着让人目眩神迷的光彩，一行行文字跃然于眼前——“珠宝是女人最好的朋友”“你值得拥有世界上最美丽的一切”“你得对自己好一点，现在不放肆美丽，难道要等老了以后吗”……

“双十一”“双十二”“购物季”“女神节”“新品上线”“买一送一”“限

时秒杀”“清仓放漏”“最后三天”……再不下单，可就要错过优惠和折扣了！

“买不买都没关系，可以进来看看了解一下！”“不喜欢也不要紧，咱有七天无理由退货，先收回去看看呗！”“这是孤品，就这一个，错过了可就再不会有啦！”……

这就是销售策略，它通过各种不同的方式，为商品赋予了除商品本身实用性之外的其他意义，而恰恰就是这些“意义”促成了我们的购买行为。这些“意义”之所以能产生如此大的功效，是因为它们牢牢抓住了我们的“心理”，充分调动了我们的情绪。

所以说，销售的本质，其实玩的就是情商。想要提升销售能力，说到底，其实就是提升自己的情商。

举个例子，你的客户看中一条裙子，但这条裙子不适合她，穿上以后特别丑。这种时候，你该怎么办呢？

如果直接告诉她：“你穿这条裙子不好看。”对方心里一定不开心，即使在某一刻心中或许会对你的诚实表示赞许，但你很可能也会因此失去这位客户。

但如果不顾客观事实，为了成交而违背良心地去夸张和吹捧，那么即使当下把对方哄得高高兴兴，成功拿下订单，想必也很难再有下一次的交集了，毕竟不是所有人都能当个“睁眼瞎”。

此时，高情商的重要性就体现出来了。高情商的销售会用让人愉快的方式说服客户放弃不适合自己的裙子，转而选择真正适合自己的东西。这涉及一些话术方面的技巧，之后会详细说明。

“情商”这个词本身是一个“舶来品”，最早是由美国心理学家约翰·梅耶和彼得·萨洛维在1990年提出的，只是当时并未引起多少关注，一直到1995年，《纽约时报》的记者丹尼尔·戈尔曼的作品《情商：为什么情商比智商更重要》面世，才引起了广泛的讨论。

情商是一种情绪智力，主要包含了五个方面的内容：了解自我、管理自我、激励自我、识别他人情绪及处理人际关系。

一个人情商高，就意味着他不仅能够更好地管理和稳定自己的情绪，并且还能更精准地捕捉和识别他人的情绪，从而更好地处理人际关系。这一点恰恰与销售的本质不谋而合。故而我们说，提升销售能力，其实就是提升情商。

02
Section

销售，要把话说到客户心坎里

销售这个行业，看似简单，实则是个技术活，更是场心理战。有人说，销售就是“话术”的较量，但话术背后，其实是对人心的洞察。当你能够把话说到客户的心坎里，那么销售也就成功了一大半。

那么，如何才能把话说到客户的心坎里去呢？就让金牌销售杜晓来教教你吧！

第一步：了解你的“目标猎物”

在销售的世界里，客户就是你的“猎物”，但这并不意味着你要像猎人一样冷酷无情，而是要像了解猎物的习性一样，了解你的客户。他们喜欢什么？他们讨厌什么？他们的痛点是什么？这些都是需要事先做好的功课。

作为一名金牌销售，杜晓负责销售的商品主要是高端化妆品，而这一商品的主要目标客户通常是追求品质生活的女性，她们注重保养，对产品的成分、效果都非常挑剔。正是因为了解了这些，杜晓才能在服务客户时投其所好，一语中的。

第二步：用“故事”打动人心

在多年的销售经历中，杜晓发现，客户们都是喜欢“听故事”的，因此，在向客户推介产品的过程中，她会给客户讲产品的故事，比如它的研发背景、独特成分、使用效果等；或是讲其他客户的故事，比如某个客户因为使用了该产品而解决了长期困扰的问题等。

杜晓说，一个好的销售员，一定是个会讲故事的人，因为只有把故事讲得真实、生动、贴近生活，才能引起客户的共鸣，打动客户的心。

第三步：适时“撒点糖”

这里说的“撒糖”，并不是指给客户送礼物或者打折，而是在交流中要适时地给予客户肯定和赞美。

比如，杜晓在和客户打交道时，都会留意客户的一些变化，当她发现客户最近皮肤状况比较好时，就会特意赞美对方：“您的皮肤现在看起来非常有光泽，看来最近保养得当呀。”这样的“糖”，能让客户感到愉悦，从而更容易接受你的产品。

第四步：学会“留白”

留白是一种语言艺术。在向客户推介产品时，杜晓并不会一股脑儿地把所有信息都灌输给客户，而是在介绍完产品的某个特点后，稍做停顿，让客户自己去体会这个特点带来的好处。这样不仅能让客户更好地理解产品，还会让对方觉得你是一个懂得尊重他人、不急功近利的人。

第五步：以退为进，欲擒故纵

在销售过程中，很多新人都会犯一种错误，就是对客户表现出过度的热情。但其实，有时候，过分的热情反而会让客户产生反感。以退为进的策略可能起到意想不到的效果。

比如在推介某些产品时，杜晓会告诉客户：“其实，这款产品并不适合所有人，如果您觉得不合适，完全可以再考虑考虑。”

这样的话语，会让客户觉得你是一个负责任、不盲目推销的人，反而更容易赢得他们的信任。

销售，不仅仅是一场语言的较量，更是一场心理的博弈。在这场博弈中，只有了解客户、尊重客户、真诚地对待客户，才能把话说到他们心里去，从而赢得这场博弈的胜利。记住，销售不是一场零和游戏，而是一场可以实现双赢的游戏。

03
Section

那些销售必须懂的心理学

之前说过，销售看似是“话术”的较量，但实际上，背后蕴藏的却是对人心的洞察和把控。想要获得成功，你不仅得是销售员，还得扮演好心理学家、观察家，甚至是半个侦探的角色，你需要洞察客户的每一个眼神、每一句话，甚至他们微妙的肢体动作。而要做到这一点，怎么能不懂些心理学呢？

下面就让我们一起来探讨一下，那些销售必须懂的心理学。

一、锚定效应：第一印象很重要

你知道吗？客户在见到你的前几秒钟，就已经对你和你的产品形成了初步印象。这就像船抛下的锚，一旦定下，就很难改变。所以，你的仪表、谈吐，甚至是递名片的方式，都得精益求精。这不是说你得打扮得像走秀模特，但至少要干净、整洁、专业。记住，第一印象，就是销售成功的第一步。

二、权威效应：专家说得准没错

人们往往更容易相信权威人士的话。所以，如果你能在销售过程中巧妙地引用一些行业权威的数据或者案例来支持你的产品，那客户对你的信任度就会大大增加。比如你可以说："这款产品是经过 ×× 权威机构认证的，他们在经过严格测试后给出了非常高的评价。"这样一说，客户就会想："哇，连权威机构都这么说，那应该错不了。"

三、稀缺效应：人们总是害怕失去

人们总是对稀缺的东西更加珍惜和渴望。所以，在销售过程中，不妨适时地透露一下产品的稀缺性，比如："这款产品现在只剩下最后几件了，错过可就再也没有了哦！"这样一来，客户就会觉得"再不下手就来不及了"，从而更快地做出购买决策。很多限时优惠、限量销售等活动，利用的正是客户的这种心理。

四、沉锚效应：先给客户一个参考点

在销售过程中，你可以先给客户一个价格或条件的参考点，这个参考点就像是一个"锚"，会影响客户对后续信息的判断。比如，你可以先介绍一个价格较高的产品，然后再介绍客户真正感兴趣的产品，这样客户就会觉得后者更加划算。当然，这个"锚"要设置得合理，否则会让客户产生反感。

五、互惠原则：给予与索取

人们总是倾向于回报别人的好意。在销售中，你可以通过提供一些免费的服务或赠品来建立与客户的互惠关系。比如，"您购买这款产品，我们可以免费为您提供安装服务"或者"现在购买，还能获得这个精美的赠品"。这样的做法不仅能够增加客户的购买意愿，还能提高客户的满意度和忠诚度。

04
Section

心理学告诉你，消费者为何那样

干销售这一行，说白了就是和人打交道。但别以为这只是简单的“你好，谢谢，再见”的寒暄过程，这背后其实隐藏着消费者复杂的心理活动和行为模式。

只有深入剖析消费者的内心世界，我们才能明白，为什么明明一样的商品，消费者会选择买这个而不是那个；为什么明明知道是营销手段，消费者却还是忍不住“剁手”；为什么价格都已经降到最低，还是无法获得消费者的青睐……

案例一：抑制不住的“冲动消费”

小张原本只是想去商场买一双运动鞋，但走进商场后，一切都变了。他先是被一家新开的电子产品店吸引，里面摆满了最新款的游戏机和耳机。尽管家里已经有一台不错的游戏机，但在店员的热情推销和“限时优惠”的诱惑下，小张还是忍不住买了一台新的。接着，他又被一旁的服装店吸引，试穿了几件新款衣服后，又“顺便”买了两套衣服。等离开商场时，小张手里已经提满了购物袋，早已忘了最初只是想买一双运动鞋的初衷。

小张的行为就是典型的“冲动消费”。在消费心理学中，这被称为“冲动购买行为”，它通常是由外部刺激（如店员的推销、限时优惠等）引发的，这些信息引导着小张的决策，把他的注意力从运动鞋转移到了其他商品上。

案例二：跟风购买的“从众心理”

李阿姨退休后，加入了一个社区舞蹈团。最近，舞蹈团里掀起了一股“智能手环”热潮，大家都说这个手环可以监测心率、记录步数，对健身非常有帮助。虽然李阿姨对电子产品一窍不通，但看到团友们都在用，她也忍不住买了一个。然而，手环到手后，李阿姨发现她根本不知道怎么用，最后只能闲置在一边。

人们在社会生活中，常常会不自觉地模仿他人的行为，以寻求社会认同和安全感。这种心理在消费行为中尤为明显，当某个产品或服务受到多数人的追捧时，很容易引发其他人的模仿购买行为。李阿姨就是如此，她并不了解智能手环，也未必就真的对它感兴趣，只是因为受到舞蹈团友们的影响，才产生了这种购买行为。

案例三：“预期后悔”导致的非理性决策

陈小姐在网上看中一款限量版手提包，价格不菲。她犹豫不决，担心买了之后会后悔。然而，她又担心如果不买，将来这款包涨价了或者买不到了，会更加后悔。最终，在发现这款手提包距离活动结束还有最后一天的时候，她决定下单购买。

在消费心理学中，预期后悔是指人们在决策时考虑到未来可能产生的后悔情绪。这种心理现象往往导致人们在面临选择时更加谨慎，甚至有时为了避免未来可能的后悔而做出非理性的决策。而陈小姐最终做出购买决定，正是因为受到了“预期后悔”的影响。

案例四：“框架效应”造成的认知偏差

周先生打算为家庭成员购买一份保险。他咨询了两家公司，A 公司提供的保险计划是“90% 的概率获得全额赔付，10% 的概率不赔付”；而 B 公司的计划则是“10% 的概率不赔付，90% 的概率全额赔付”。虽然两者描述的是同一件事，但周先生觉得 A 公司的计划听起来更吸引人，最终选择了 A 公司。

这是非常典型的“框架效应”造成的结果。同样的信息，以不同的方式呈现（即不同的“框架”），会影响人们的决策。就比如这两家公司，明明描述的是同样的条件，但因为前后顺序的不同，让周先生产生了 A 公司更有保障的错觉，从而做出了选择。

05
Section

你可以把任何东西卖给任何人

在销售界，有一个非常经典的题目，那就是：把梳子卖给和尚。

乍一看，这题目像是在存心为难人，梳子是用来干什么的？那自然是梳头发。可是和尚连头发都没有，又怎么会需要梳子呢？但其实，只要换个角度去思考，我们就能找到和尚对梳子的“需求”。

比如，梳子也可以作为礼品赠送给香客，以此表达寺庙的关心和祝福。我们甚至可以和寺庙合作，将梳子作为寺庙的特色文化产品进行推广。

看，只要开动脑筋，我们确实可以把任何东西卖给任何人，这并非一句空话。销售的真谛就在于此，这不仅仅是一种商业行为，更是一种艺术与心理学的结合。

在现实生活中，你一定见过这样的例子：有些东西明明看起来毫无用处，却成为热销商品。之所以会出现这样的状况，是因为销售员能够洞察消费者的内心需求，掌握住了“卖点”。

那么，怎样才能做到这一点呢？

第一，销售员要具备丰富的产品知识和敏锐的市场洞察力

了解产品的独特之处，找到与消费者需求的契合点，这是成功销售的第一步。

第二，要善于运用语言艺术

一句恰到好处的话语，往往能打动消费者的心，激发他们的购买欲望。

第三，要懂得心理学

了解消费者的购买心理，把握他们的情感变化，才能在关键时刻促成交易。

举个例子：

假如你是一位销售员，手里有一块普通的石头。你可以这样向消费者推销:“这块石头虽然看似普通，但它蕴含着大自然的神秘力量。每当你感到疲惫或焦虑时，抚摸它就能感受到一股平静与安宁的力量。它不仅是一块石头，更是一位陪伴你渡过难关的朋友。”

看，通过巧妙的包装和语言的渲染，这块普通的石头就变成了一件有价值的商品。

当然，销售并不是一味地夸大其词或误导消费者。诚信是销售的基础，只有真实的产品和真诚的服务才能赢得消费者的信任。因此，在销售过程中，我们要遵循法律法规，尊重消费者的知情权，确保所提供的信息真实可靠。

此外，销售还是一门需要不断学习和实践的技能。市场在不断变化，消费者的需求也在不断更新。销售员要保持敏锐的市场触觉，不断

学习新知识，提升自己的专业素养和销售技巧。只有这样，才能在激烈的市场竞争中脱颖而出，成为真正的销售高手。

06 Section

快速签单的心法

签单是销售的终极目标，能够实现快速签单，则是每一个业务员都梦寐以求的绝技。这不仅代表着他们出色的业务能力，更是他们智慧、技巧和决心的综合体现，是他们走向成功的坚实一步，也是他们职业生涯中的一次巨大飞跃。

想要让客户快速签单，其实并没有那么难，只要掌握了正确的心法，就能快速把合同拿下。接下来，就让我们一起看看，已经掌握快速签单心法的金牌销售小刘是如何在短时间内拿下大单的吧！

小刘是一个年轻有为的销售精英，专门销售高端办公家具。这一次，他的销售对象是一家快速发展的互联网公司，该公司正处于扩张阶段，急需采购一批高品质的办公家具来装点新办公室。在得知这一消息后，小刘闻风而动，联系了该公司的采购部门。

心法一：知己知彼，百战不殆

想要快速签单，你必须对客户了如指掌，明白他们的需求和痛点，再用你的产品去满足他们。

比如小刘，在联系目标公司的采购部门之前，就已经打听好了这家公司的情况，了解了他们的需求。在联系采购部门时，小刘便采取开门见山的策略，说道:“您好，我是 ×× 办公家具公司的小刘，听说贵公司即将搬入新办公室，我们公司有高品质、设计感十足的办公家具，一定能为您的新办公室增色不少！”

采购部门的人一听，刚好我们需要采购家具，那就看看吧。于是，小刘成功地迈出了第一步。

心法二：察言观色，投其所好

在推销过程中，要时刻观察客户的反应和情绪变化，及时调整策略，投其所好。

比如接下来，小刘被邀请到该公司进行产品展示时，他深知机会难得，事先便做足了功课，了解了该公司的企业文化、装修风格及员工需求。

走进办公室那一刻，他迅速扫视一圈，发现这里的装修风格以简约现代为主，于是他立刻调整了自己的产品介绍策略，重点展示了与这种风格相匹配的家具。

心法三：趁热打铁，一举拿下

在销售过程中，当客户表现出对产品或服务的浓厚兴趣，并流露出购买意愿时，销售员应该敏锐捕捉这一时机，积极主动地推进签单流程。

就像小刘，在发现目标公司采购部对自己推介的商品产生兴趣后，立即拿出了一份详细的报价单和合作方案，并针对该公司的需求进行了个性化调整。

在报价方面，他采取了灵活的策略，既保证了公司的利润，又让客户觉得物有所值。在合作方案上，他则提出了多项增值服务，如免费安装、定期维护等，以打消对方的后顾之忧。

采购部门的人看着手中的报价单和合作方案，心中十分满意，经过一番愉快的洽谈后，双方顺利签下了合同。

心法四：后续跟进，巩固关系

签单不是终点，要知道，销售行业是一个需要长期维护的关系网，而是否能留住客户，签单成功后的售后服务才是关键。

签单成功后，小刘并没有松懈，他定期与客户保持联系，询问产品使用情况，并提供及时的售后服务。此外，他还经常给客户发送一些行业动态和新品信息，让客户感受到他的专业和用心。这样一来二去，双方的关系越来越紧密，为后续的合作奠定了坚实基础。

通过小刘的一系列操作，我们可以发现，快速签单其实并不是一件难事，关键在于你是否能够掌握正确的方法，并将其付诸实践。当然，每个客户和每个行业都有其独特性，这些心法也并不是万能的。但只要用心去揣摩和实践，便一定能找到适合自己的快速签单之道。

07
Section

从销售到签单的“全能话术”

销售，这个看似简单的职业，其实蕴藏着无数的智慧与技巧。有人说，销售员就像战场上的军师，不仅要运筹帷幄，还要懂得察言观色，见招拆招。今天，就让我们一起来探讨一下从销售到签单，每一个环节的“全能话术”，看看如何用语言艺术打动客户，赢得订单。

开场白：让客户对你“一见钟情”

开场白奠定了客户对你的第一印象。

“您好，我是 ×× 公司的销售代表，非常感谢您给我这个机会与您交流。我今天带来了一些我们公司的最新产品 / 服务信息，相信对您一定有帮助。”——这样的开场白既礼貌又直接，能够迅速吸引客户的注意力，为后续的销售打下良好的基础。

产品介绍：让客户“欲罢不能”

在产品介绍环节，销售员要充分利用语言的魅力，把产品的特点、优势和价值生动地展现给客户。

“我们的产品采用了 ×× 技术，不仅性能卓越，而且操作简便，能够大幅提升您的工作效率。您之前的困扰，我们的产品都能帮您一一解决。”——通过具体、形象的描述，让客户对产品产生浓厚的兴趣。

处理异议：让客户“心悦诚服”

面对客户的异议，销售员要保持冷静，用事实和数据说话。

“我完全理解您的担忧，不过请放心，我们的产品已经通过了××认证，并且在市场上有着良好的口碑。此外，我们还提供了完善的售后服务，确保您的使用无忧。”——通过专业的解答和诚恳的态度，化解客户的疑虑。

逼单技巧：让客户“情不自禁”

逼单是销售过程中最关键的一环。销售员要善于运用各种话术，激发客户的购买欲望。

“现在下单还有限时优惠哦，错过了今天就可能再也没有这个机会了。而且，我们的库：存有限，先到先得哦！”——通过制造紧迫感，引导客户做出购买决策。

售后服务：让客户“死心塌地”

售后服务是维系客户关系的重要一环。销售员要时刻关注客户的需求和反馈，及时解决问题，提升客户满意度。

“如果您在使用过程中遇到任何问题，都可以随时联系我们。我们将竭诚为您解答任何问题，确保您的使用体验达到最佳。”——通过贴心的服务，赢得客户的信任和忠诚。

当然，销售话术并不是一成不变的。每个销售员都应该根据客户的性格、需求和情境来灵活运用话术，以达到最佳的销售效果。同时，销售员还要不断学习和提升自己的专业素养和销售技巧，以便能更好地服务客户。

08 Section

做好渠道，也就做好了销售

在这个商业繁荣的时代，销售行业可谓是百花齐放，各种销售策略层出不穷。但若要追溯其本源，销售其实就是一门关于“渠道”的博弈与较量。

渠道就像是销售中的血脉，承载着产品从生产者流向消费者的生命线。在这个多渠道、多平台的时代，谁能掌握更多、更优质的渠道资源，谁就能在激烈的市场竞争中占据先机。因此，销售不仅是一场智勇之战，更是一场关于渠道资源的争夺战。它考验着每一个销售人员的战略眼光、市场洞察力和资源整合能力。

那么，要如何才能找到适合产品的销售渠道呢？

想象一下，假如你现在拥有一家新兴的化妆品公司，要在市场上站稳脚跟。现在，你已经拥有了优质的产品，接下来需要考虑的，就是如何让更多消费者知道并购买你的产品，而这就涉及了渠道的重要性。

第一步：找到目标客户的聚集地

通过市场调研，你发现，你的品牌目标客户主要是年轻女性，这部分人群喜欢网购，并且热衷于社交媒体。于是，你决定在微博、抖音等社交媒体平台上开设官方账号，通过发布化妆教程、产品试用视频等内容吸引目标客户。这就是渠道铺设的第一步。

第二步：扩大品牌曝光度

为了增加品牌的曝光度和扩大品牌的影响力，你决定和一些知名美妆博主展开合作，邀请他们试用产品并分享心得。这些博主的粉丝群体与你公司的目标客户高度重合，因此这种合作方式能够精准地触达潜在客户，并利用意见领袖的影响力来扩大品牌曝光度。

第三步：铺设线下渠道

除了线上渠道，线下渠道的建设同样也很重要。你决定在一些大型商场设立专柜，并配备专业的销售人员。这些销售人员不仅能提供产品咨询和试用服务，还会根据客户的肤质和需求来推荐合适的产品。通过线下渠道，你成功吸引了一部分不太擅长网购的中老年女性客户。

第四步：渠道维护

为了更好地维护渠道，巩固客户忠诚度，你开始定期在社交媒体上发布互动活动，如抽奖、问答等，提高粉丝的参与度，同时还建立了完善的客户服务体系，及时回应客户的疑问和投诉。这些举措都有效地提升了客户的满意度和忠诚度。

09 Section

精准电话销售与精准话术

在销售行业中，电话销售被誉为是商业战场上的“轻骑兵”，但也有人将其戏称为商业版的“打电话游戏”，这是因为，它的成功概率，有时真的得看天意，充满了各种不确定性。但我们今天要说的，不是简单的电话销售，而是“精准”电话销售。

所谓精准电话销售，关键就在“精准”二字。这可不是随便打个电话，说声“您好，我是 ×××，我们有个产品您可能感兴趣”那么简单。要做到“精准”，你得像个侦探一样，事先做好充足的准备，搜集情报，分析数据，锁定目标客户，然后展开一场蕴藏着深厚的销售艺术和心理学技巧，需要精准定位、精心策划和精细执行的战役。

在精准电话销售中，“精准”不仅体现在对客户需求的精准把握上，更体现在对产品特点的精准传达上。电话销售员需要在极短的时间内，通过言语的交流，迅速建立起与客户的信任关系，并准确地把握客户的需求痛点，然后有针对性地提出解决方案。

第一，精准定位目标客户群体

首先，你得知道自己的产品或服务适合哪类人群。比如说，你卖的是高端奢侈品，那就别给月薪三千的小白领打电话了，你的品牌他们可能连听都没听说过，更别提购买了。这就像是在大海里捞针，不仅效率低，还会让人失去信心。

第二，精准锁定客户“痛点”

找到了目标客户群，接下来就是如何精准打击了。这时候，你的数据库就是你的大杀器。通过分析客户的购买记录、消费习惯，甚至是社交媒体上的言论，你能更准确地判断他们的需求和痛点。比如，如果某个客户最近在微博上抱怨自己的手机太卡，那你推销新款智能手机的机会就来了。

第三，精准销售话术

当然，光有精准的目标客户还不够，你还得有一套精准的话术。这可不是背几句台词那么简单，你需要根据客户的性格、需求和情境来灵活应对。有的客户喜欢直截了当，那你就单刀直入，别拐弯抹角；有的客户喜欢聊天，那你就多问问他们的想法，让他们感受到你的关心。

第四，精准时间表

除此之外，精准的电话销售还需要你有一个精准的时间表。别在人家正忙得不可开交的时候打电话过去，那样只会让人家觉得被打扰。研究一下你的目标客户群体的工作和生活习惯，找他们最可能空闲的时间段进行联系。

需要注意的是，就算是做好了以上所有准备，也别忘了电话销售中最重要的一点：人情味。毕竟，电话那头是一个活生生的人，不是一台冷冰冰的机器。所以，别忘了在推销的同时，注入一些你的个人魅力，让客户感受到你的热情和专业。

精准电话销售不仅仅是冷冰冰的销售技巧，更是情感与智慧的结合。通过精准话术的运用，你能够与客户建立起深厚的信任关系，让销售变得简单、愉快。所以，想要成为电话销售的高手，不仅要学会找对人，更要学会说对话。

Chapter Five

五

互联网创业

——你得站在风口上

01
Section

什么样的人适合互联网创业

互联网创业，这个听起来就让人热血沸腾的词语，吸引着无数有梦想、有干劲的年轻人。从硅谷到北京中关村，从大学生到资深行业精英，无数人心怀梦想，投身其中。但其实，并不是每个人都适合在这片波涛汹涌的商海中扬帆起航。那么，到底什么样的人才适合互联网创业呢？

第一，“梦想家”

互联网创业者是“梦想家”。这可不是指那种只会做白日梦的家伙，而是指有远见、有梦想，并愿意为之奋斗的人。他们眼里有光，心中有火，即使前方荆棘密布，也能凭借一股子韧劲闯出一片天。这种人在创业的道路上，就像是一辆永不知疲倦的马车，始终奔驰在追求梦想的大道上。

比如马斯克，他不仅梦想着将人类送上火星，还通过 SpaceX 公司逐步实现了这一宏伟愿景。他的远见和规划，让太空探索不再遥不可及，而是成为人类未来可能的新家园。

第二，“杂家”

互联网创业者得是个“杂家”，不说上知天文，下晓地理，但也得具备宽广的知识面和不断学习的能力。因为互联网行业变化莫测，今天流行的东西明天可能就过时了。所以，创业者得时刻保持敏锐的洞察力和强烈的求知欲，才能紧跟时代的步伐，不被市场淘汰。

以张一鸣为例，作为字节跳动的创始人，他不仅精通互联网技术，还对市场趋势有深刻洞察，同时善于管理团队。这种跨界融合的能力，正是“杂家”创业者的典范。

第三，“实干家”

互联网创业者必须是个“实干家”。光有想法是不够的，还得有把想法变成现实的能力。这类人勤于动手，乐于实践，他们不怕失败，敢于尝试。哪怕是跌倒了，也会迅速爬起来，拍拍身上的尘土，继续前行。他们深知，只有在实践中不断摸索，才能找到成功的秘诀。

比如雷军，作为小米科技的创始人，他不仅有着宏伟的商业愿景，更注重落地执行。从产品设计到市场推广，他亲力亲为，用实际行动将小米打造成全球知名的科技品牌。

第四，“外交家”

在创业的道路上，单打独斗是很难成功的。创业者需要善于与人沟通，懂得团队合作，能够整合各方资源，共同为目标努力。这类人往往具有很强的人格魅力，能够吸引志同道合的人一起奋斗。他们就像是一块磁铁，总能吸引到优秀的人才和资源。

以马化腾为例，作为腾讯的创始人，他擅长与各方建立良好的合作关系，这不仅为腾讯带来了丰富的资源和支持，还使得公司在互联网行业中占据了重要地位。他的外交才能为腾讯的发展奠定了坚实基础。

第五，“乐观家”

创业的道路充满艰辛和挑战，如果没有一颗乐观向上的心，是很难坚持下去的。因此，互联网创业者应该是个“乐观家”，无论何时，都能在困境中看到希望，在挫折中找到动力。他们始终坚信，只要努力，总有一天会拨云见日，实现自己的梦想。

比如马云就是典型代表。面对创业初期的艰难与挑战，他始终保持乐观心态，坚信电子商务的巨大潜力。最终，阿里巴巴从一个小型创业公司，成长为电商巨头。

总而言之，互联网创业虽然充满挑战和风险，但也同样孕育着无限的可能和机遇。即使你不完全具备这些品质也没关系，因为创业本身就是一个不断学习和成长的过程。毕竟世事无绝对，只要你愿意付出努力和时间，怀揣梦想和勇气，就不妨放手一搏吧！无论结果如何，相信在这个过程中，你也会有许多宝贵的收获。

02
Section

大数据时代开始了

早晨七点，闹钟准时响起，拿起手机，屏幕上已经推送了今日的天气预报、交通状况以及根据日程安排推荐的穿搭建议。这是手机App通过分析行为数据和偏好得出的个性化推荐。

上班路上，打开导航App，软件根据当前的路况、历史数据和预测模型，迅速规划出一条最快捷的路线。在车上，打开新闻App，首页显示的都是平时感兴趣的话题和新闻，这是根据过去的浏览历史和点赞行为智能推荐的。

到公司后，智能助手已经根据昨天的工作进度和今天的日程，列出了待办事项和优先级。等到中午吃饭时，打开外卖App，首页已经根据以往的点餐记录、口味偏好和营养需求，推荐了几款合适的午餐。

下班后，想去健身房锻炼，健身App已经根据过去的锻炼记录、身体状况和运动目标，规划出一套合适的训练计划和营养建议。

晚上回家，打开智能电视，根据近期的观影历史和评价，首页推荐了几部新上映的电视剧和电影。

这就是大数据时代许多人的一天。从早到晚，大数据都在默默地为我们服务，让我们的生活变得更加便捷、高效和个性化。

在这个信息爆炸的时代，数据就像空气一样无处不在，它们渗透进我们生活的方方面面，记录着我们的喜怒哀乐。从天气预报到购物推荐，从医疗诊断到交通管理，大数据已经深深地融入了我们的日常生活。

当然，虽然大数据为我们的生活提供了许多便利，但它也并非百利无一害的。你是否有过这样的经历：刚和朋友聊完某个话题，转眼就在手机上看到了相关的广告推送？这让人不禁怀疑，手机是不是成了我们身边的“间谍”？其实，这都是大数据在背后“捣鬼”。我们的个人信息、浏览记录、购买习惯等都被收集起来，用于精准营销。给我们带来便利的同时，也不免让人担忧起隐私泄露的问题。

大数据时代，我们似乎变得更加“透明”了。这种“透明”带来的好处是，我们可以享受到更加个性化的服务；但坏处是，我们的隐私也可能因此受到侵犯。所以，在享受大数据带来的便利的同时，我们也要学会保护自己的隐私。

另外，大数据也为企业提供了巨大的商业价值。企业可以通过分析客户的消费习惯、兴趣爱好等信息，制定更加精准的营销策略。就像拥有了一面镜子，能够洞察消费者的内心。但是，如果企业滥用这些数据，比如进行价格歧视、过度营销等行为，就会损害消费者的利益。所以，在大数据时代，企业不仅要会利用数据，更要学会如何合规、道德地使用数据。

大数据时代开始了，它像是一股洪流，汹涌而来，改变了人们的生活方式、思维方式。它让人们看到了数据背后隐藏的巨大价值，也让人们意识到数据使用中的风险和挑战。在这个时代，我们要学会与数据共舞，既要享受数据带来的便利和乐趣，也要时刻保持警惕，保护好自己的隐私和权益。只有这样，我们才能在大数据的浪潮中游刃有余地前行。

03
Section

从零开始学做互联网

在数字化时代，互联网似乎已经渗透到了我们生活的方方面面，成为不可或缺的存在。很多人或许都曾涌现过这样的想法：如果我也能在互联网上留下自己的印记，那该多好！但同时又担心，互联网这么“高大上”的东西，零基础“小白”真的有机会“攀折”吗?

其实，不用这么悲观，互联网并没有你想象得那么神秘，它不是神坛上的圣物，反而更像一个大集市。你不需要对它顶礼膜拜，只需要像逛集市一样，放轻松，保持好奇心。想象一下，你穿梭在繁华的集市中，各种摊位琳琅满目，有的卖新鲜蔬菜，有的卖美味小吃，还有的卖各种稀奇古怪的小玩意儿。互联网也是这样，只不过这些“摊位”变成了网站、App、社交平台等各种应用。

这样一想，是不是突然发现，从零开始学做互联网，似乎也没有那么难？好啦，接下来，就让我们一起去揭开互联网的神秘“面纱”，探索奇妙的网络世界吧！

第一步：创建个人网站或博客

从零开始学做互联网，第一步当然就是得给自己“摆个摊儿”，即创建个人网站或博客，这就像是你在网络上的一个个人空间，可以展示你的才华和想法。这听上去似乎并不简单，但其实，很多平台都提供了“傻瓜式”的建站服务，只需按照提示，点点鼠标，就能拥有一个像模像样的个人空间了。

第二步：创作内容

“摊位”搭建好，接下来自然就该“上货”了。在互联网上，“货”就是你的内容。你可以写点心得体会、分享一些有趣的故事，或者谈谈你对某个领域的见解。这个过程就像是在摊位上摆放你的商品，要让路过的人只看一眼就被吸引住，产生停下来了解的欲望。

第三步：推广作品

“货”上齐，自然就该“吆喝”了。在互联网上，“吆喝”就是你的推广。你可以通过社交平台、朋友圈、微信群等途径，把你的“摊位”推广出去。这就像是在集市上大声吆喝，吸引顾客前来光顾。当然，吆喝也得有技巧，不能太过于嘈杂，让人反感；也不能太过于沉默，让人忽视。

第四步：商业变现

当你的“摊位”越来越受欢迎时，就可以考虑进一步地拓展了。比如开设自己的网店，将流量变现。

当然，从零开始学做互联网并不是一帆风顺的。你可能会遇到各种各样的问题和挑战，比如怎么吸引更多的流量、怎么提高用户的黏性、怎么实现商业化变现等。这些都是互联网创业过程中不可避免的问题，或许会很艰难，或许会因找不到方向而感到迷茫，但只要能始终保持学习和探索的热情，就一定能在这个“互联网集市”中闯出属于自己的天地。

04
Section

不可不知的互联网九大思维

互联网思维是一种全新的、以用户为中心的思维方式，它强调快速响应、不断创新和充分利用互联网技术来提高效率、优化流程和创造价值。在这个信息爆炸的时代，互联网思维如同一股劲风，席卷了各行各业。它追求的不仅是“快、准、狠”，更在于敏锐捕捉机遇，精准预判未来，果断采取行动。这种思维方式，正引领我们迈向更广阔的世界。

下面，就让我们一起来了解一下，互联网的九大思维究竟是怎么回事。

一、用户思维

得用户者得天下，这是互联网时代的铁律。用户思维，就是要时刻以用户为中心，想用户之所想，急用户之所急。比如，不少电商平台都通过分析用户的购物习惯，推出了“猜你喜欢”这项功能，让用户每次打开 App 都能发现惊喜，这不就像是个会读心术的老朋友吗？

二、简约思维

简约而不简单，这是互联网产品的设计之道。在纷繁复杂的信息海洋中，如何让用户一眼就爱上你的产品？答案就是——简洁明了！如果注意观察，你会发现，很多受用户欢迎的 App，都有一个共同特点，那就是：界面清爽，操作便捷。

三、极致思维

追求卓越，打造极致体验，是互联网产品的核心竞争力。以著名的短视频 App 抖音为例，它不仅提供了高清流畅的视频体验，还通过算法精准推荐内容，让用户一刷就停不下来。这就是把产品做到极致的魔力！

四、迭代思维

小步快跑，快速迭代，是互联网产品的制胜法宝。在这个日新月异的时代，只有不断进化，才能立于不败之地。比如，受众甚广的社交 App 微信，从最初的文字聊天，到语音、视频通话，再到现在的直播带货，每一次迭代都让用户眼前一亮。

五、流量思维

流量为王，这是互联网时代的共识。但流量不是目的，而是手段。通过吸引流量，我们可以更好地了解用户需求，优化产品。比如，“今日头条”新闻 App，通过大数据分析用户阅读习惯，为用户推送定制化的新闻内容，既提升了用户体验，又增加了用户黏性。

六、社会化思维

独乐乐不如众乐乐，社会化思维就是利用社交网络的力量，让用户自发传播你的产品。比如现在很多的旅行 App，都推出了“旅行达人”

之类的计划，鼓励用户分享自己的旅行故事，不仅丰富了平台内容，还吸引了更多潜在用户。

七、大数据思维

数据不会说谎，大数据思维就是要通过数据挖掘和分析，洞察用户行为，精准营销。比如，现在很多电商平台都通过分析用户的购物数据，为用户提供了个性化的购物体验，不仅提高了转化率，还增强了用户忠诚度。

八、平台思维

搭建平台，连接一切，这是互联网时代的重要特征。平台思维就是要打造一个开放、共赢的生态系统，让各方都能从中受益。以滴滴出行为例，它连接了车主和乘客，不仅方便了出行，还创造了新的商业模式。

九、跨界思维

敢于跨界，才能创新。跨界思维就是要打破行业壁垒，寻找新的增长点。比如，小米推出的一系列智能硬件产品，不仅具备传统家电的功能，还融入了 AI 技术，让用户的生活更加智能化。

互联网九大思维就像是九把钥匙，能够打开创新的大门。在这个日新月异的时代，我们只有不断学习、不断实践，才能紧跟时代的步伐，创造出更多的可能性。

05
Section

互联网运营全链条实战技巧

在这个信息爆炸的时代，互联网就像是一个巨大的金矿，蕴藏着无限的商机和可能。想要在其中淘到宝贝，掌握精湛的互联网运营技巧至关重要。这里说的“运营”可不是简单地发发微博、更新一下公众号那么简单，其中可是有很多大学问的！

接下来，让我们走进互联网运营的全链条，一起探讨和学习一下互联网运营全链条的实战技巧吧！

一、用户调研：精准定位，找到你的“矿脉”

在互联网上淘金，首先要明确自己的目标。是想要卖产品、做品牌，还是提供服务？只有明确了目标，我们才能有针对性地挖掘“矿脉”。比如，如果你想要卖时尚女装，那么你的“矿脉”可能就是年轻女性用户群体。通过深入了解她们的需求和喜好，你就能找到属于自己的金矿。

我们可以运用各种调研工具，结合线上线下的方式，全方位去了解用户。别忘了，偶尔给用户一些惊喜，比如小礼品或者优惠券，他们会更愿意分享他们的真实想法。

二、内容运营：言之有物，才能打动人心

在互联网上，内容就是你的底气。好的内容不仅能吸引用户，还能让用户爱上你的产品，这在互联网运营中尤为重要。比如，你可以通过撰写时尚穿搭指南、发布女装搭配视频等方式，为用户提供有价值的内容。这样，用户不仅会被你的内容所吸引，还会对你的品牌产生信任感，从而更愿意购买你的产品。

在创作时，内容要有趣、有料、有用，别忘了定期更新，保持新鲜感。同时，鼓励用户生成内容（UGC），这样不仅能降低成本，还能让用户更加愿意投入。

三、活动运营：玩转创意，让用户“嗨起来”

活动运营是提升用户活跃度和黏性的重要手段。以某在线教育平台为例，他们举办了一次“学习达人”挑战赛，邀请用户连续 7 天完成学习任务，并获得积分奖励。活动一经推出，就吸引了大量用户参与，平台的日活跃用户量也创下了新高。

需要注意的是，活动要有创意和趣味性，同时设置合理的奖励机制，让用户有参与的动力。另外，活动的规则要简单明了，别让用户在参与的过程中感到困惑。

四、数据分析：用数据说话，精准决策

在互联网上淘金，不仅要靠直觉和经验，更要靠数据说话。通过数据分析工具，我们可以清晰地看到运营的效果，以便及时调整策略。以某电商平台为例，他们通过数据分析发现，晚上 8 点到 10 点是用户访问量最高的时段。于是，他们决定在这个时段推出限时秒杀活动，结果

销售额果然大幅增长。

记住，数据比直觉更可靠。掌握基本的数据分析工具，定期分析数据，找出问题和机会点。同时，要学会用数据来指导运营决策，而不是凭感觉行事。

五、危机公关：化危为机，转危为安

在互联网时代，任何一个小小的失误都可能引发公关危机。但别担心，危机也是转机。以某快餐品牌为例，他们在一次促销活动中出现了配送延误的问题，导致大量用户投诉。品牌方迅速反应，不仅公开道歉，还提供了优惠券作为补偿。这一举措不仅平息了用户的怒火，还赢得了用户的理解和支持。

切记，遇到危机时，要第一时间做出反应，坦诚面对问题，积极寻求解决方案。同时，要善于利用社交媒体等渠道与用户沟通，及时传递正面信息。

06 Section

跨境电商的流量玩法与赚钱秘籍

在这个全球化的时代，跨境电商已经成为一个炙手可热的行业。无数商家都在瞄准海外市场，希望通过跨境电商这个平台，将产品销往世界各地，从而实现财富增长。但你又是否知道，跨境电商究竟是如何获取流量，又是如何轻松玩转海外市场，从中获利的呢？

首先，我们来聊聊流量玩法。在跨境电商中，流量就是金钱，没有流量，你的产品再好也卖不出去。那么，如何获取流量呢？

一、搜索引擎优化

这是一个老生常谈的话题，但也是最有效的流量来源之一。通过优化关键词、网站结构和内容，提高你的店铺在搜索引擎中的排名，从而吸引更多的潜在客户。这就像是在大海里撒下一张大网，捕捉那些正在寻找你的产品的鱼儿。

比如亚马逊的个性化推荐，就是利用大数据和人工智能技术，分析用户的购买历史和浏览记录后得出的产品推荐结果，这种策略极大地提高了购物体验，激发了用户的购买欲望。据统计，通过个性化推荐带来的销售额占据了亚马逊总销售额的较大比例。

二、社交媒体营销

现在的社交媒体平台可谓五花八门，Facebook、Instagram、Twitter……这些都是你的潜在客户聚集地。通过在社交媒体上发布产品信息、优惠活动等内容，与客户互动，提高品牌知名度，从而将潜在客户转化为实际购买者。这就像是在人群中扔下一颗颗诱人的糖果，吸引那些对你的产品感兴趣的人。

以小红书为例，小红书的用户可以在平台上分享购物心得和评价产品，这种社交营销模式增加了产品的曝光度，提高了用户的购买决策。据统计，小红书上的用户分享和推荐对产品销售有着显著的推动作用。

三、与网红合作

网红经济已经成为一股不可忽视的力量。找到与你的产品相关的网红进行合作，让他们为你的产品代言，可以迅速提高产品的曝光度。这就像是请了一个明星代言人，让你的产品在众多竞品中脱颖而出。

说完了流量玩法，我们再来谈谈赚钱的秘诀。跨境电商的赚钱逻辑其实很简单，就是“低买高卖”。但这里面也是有很多门道的。

一、选品策略

选品是跨境电商成功的关键。你要选择那些具有市场需求、竞争较小、利润空间较大的产品。这就像是在淘金热中寻找那些含金量高的矿石，只有选对了产品，你才能挖到第一桶金。

二、价格定位

价格定位也是一门学问。价格太高，客户会被吓跑；价格太低，又赚不到钱。所以，你要根据市场调研和成本核算，制定一个既能吸引客户又能保证利润的价格。这就像是在菜市场讨价还价，既要让客户觉得物有所值，又要让自己有利可图。

三、供应链管理

供应链管理是跨境电商的核心竞争力之一。你要确保产品质量、交货期、库存等方面的稳定，以满足客户需求。这就像是在管理一个复杂的机器，每一个部件都要精确配合，才能让整个机器高效运转。

07 Section 电商运营的实操案例分析

在数字时代，电商运营早已不再是简单的“摆摊卖货”，它更像是一场融合了策略、技术与创意的“魔法秀”。接下来，就让我们跟随电商小老板许雯一起去看看，她是如何运用巧妙的策略，在竞争激烈的电商市场成功分得一杯羹的。

许雯大学一毕业就投身电商行业，创立了一家专营女鞋的网店，在女鞋市场中摸爬滚打了好几年。对于自己的产品，许雯是非常有信心的，但一直以来，店铺销量都平平无奇，这让许雯感到非常困惑。

为了盘活店铺，许雯下定决心，投身于电商运营的学习与研究之中，期望能为自己的店铺找到一条“逆袭”之路。

第一步：产品梳理

兵法有云：知己知彼，百战不殆。要想改变运营策略，为自己的店铺寻找新出路，首先必须对自己的产品有一个全面的了解。因此，在制定新的运营策略之前，许雯首先对产品进行了全面的梳理，她发现，自家店铺的女鞋设计时尚、品质优良，但价格相对较高，而且品牌形象不够鲜明。于是，她决定从品牌形象和营销策略两方面入手，打一场逆袭战。

第二步：产品策略

想要在竞争中脱颖而出，最有效的方式就是让自己的产品与众不同，有足够的吸引力。比如价格实惠、品质卓越、设计新颖等，总得有一样能打动人心。

为了突出产品的独特性，许雯特地聘请专业的设计师，为店铺设计了一款独特的LOGO和视觉识别系统，使得店铺在众多竞争者中脱颖而出。同时，她还精心策划了一系列品牌故事，通过社交媒体和官网传递给消费者，让消费者更加信任和喜爱这个品牌。

第三步：营销推广

在营销策略方面，许雯可谓是绞尽脑汁。她首先分析了目标用户群体——年轻时尚女性，发现她们对潮流、品质和舒适度有着极高的追求。于是，她决定从这些方面入手，策划了一系列有针对性的营销活动。

其中最具创意的活动是“时尚搭配大赛”。许雯邀请消费者上传自己穿着店铺女鞋的时尚搭配照片，并邀请网友投票选出最佳搭配。这个活动不仅吸引了大量消费者参与，还通过社交媒体传播，提高了店铺的知名度和曝光率。

此外，许雯还运用了各种促销手段，如限时折扣、满额减免等，刺激消费者的购买欲望。同时，她还与时尚博主合作，通过穿搭分享、直播带货等方式，进一步扩大了品牌影响力。

经过一番努力，许雯的店铺终于迎来了逆袭的时刻。女鞋销量逐月攀升，甚至一度出现了供不应求的局面。许雯感慨地说：“电商运营就像一场马拉松，需要持之以恒的努力和巧妙的策略。只要找对了方向，逆袭并不是遥不可及的梦想。”

从许雯的“逆袭”之路可以看到，电商运营需要综合运用品牌形象塑造、营销策略制定和促销手段等多方面的技巧。并且只有在充分了解目标用户的基础上，才能制定出有针对性的运营策略，实现销量和品牌影响力的双重提升。

当然，电商运营还有许多其他值得探讨的方面，比如供应链管理、客户服务等。但无论如何，我们都要记住一个核心原则：以用户需求为导向，不断创新和优化运营策略。

08
Section

公域引流与私域裂变实战手册

在这个流量为王的时代，谁能掌握流量的奥秘，谁就能在商业战场上所向披靡。公域引流与私域裂变，就像武侠小说中的吸星大法和分身术，一个帮你吸取外界精华，一个让你一变二、二变四，直至无穷尽也。

一、公域引流：广撒网，多捞鱼

公域引流，指的就是利用公共领域的资源进行引流活动，以吸引目标受众并将其引导到特定的平台或网站上，从而达到推广、营销或传播信息的目的。

举个例子，一个新兴的化妆品品牌，通过在短视频平台上发布化妆教程、产品试用等内容，成功吸引了大量粉丝。他们精心制作的短视频不仅展示了产品的使用方法和效果，还邀请了知名美妆博主进行合作推广。这些视频内容有趣且实用，很快在平台上获得了高曝光量和点赞数。通过这种方式，该品牌成功将公域流量引导至自己的官方网店，实现了销售额的显著提升。

这就是公域引流的一种营销策略。公域就像是一个庞大的海洋，里面的“鱼儿”五花八门，而我们所发布的引流内容，如写博客、发视频、做直播，都是在公域里扔下的“诱饵”。通过提供有价值的内容，吸引潜在客户的注意，再巧妙地引导他们进入我们的私域。

需要注意的是，做公益引流，投放的内容是非常重要的，如果没有足够吸引人的魅力，“鱼儿”可不会买账。想要取得更好的效果，可以尝试寻找与我们业务相关但不构成直接竞争的品牌或个体，携手共进。这就像是渔民们共同合作，一起围捕大鱼群，大家都能分到一杯羹。

二、私域裂变：让客户成为你的传播者

私域裂变是一种新兴的市场营销策略，主要通过在用户的私密社交空间，如微信群、朋友圈、QQ 群等进行深度服务和营销。

想象一下，如果你有一个好产品或者好服务，你首先会告诉你的微信好友。然后，你的好友可能会觉得这个产品或者服务不错，于是他们会分享给他们的好友，这样一传十，十传百，你的产品或者服务就会被更多人知道。这个过程就像是细胞分裂一样，从一个变成两个，两个变成四个，越来越多，这就是私域裂变。

举个例子，一家线上教育机构，通过建立微信群、QQ 群等社群，为学员提供了一个互动交流的平台。他们在社群内定期分享学习资料、考试技巧等内容，同时鼓励学员邀请更多的朋友加入。为了激励学员的参与和分享，他们还设立了推荐奖励机制，即学员成功邀请一定数量的人加入社群后，可以获得免费的课程或者优惠券等奖励。这种策略不仅增强了学员的黏性，还实现了用户的快速增长和裂变。

要成功实施私域裂变，最关键的一点就是你的产品或服务必须过硬，这是裂变的基础。而为了让这个过程发生得更快，我们可以给分享产品或服务的人一些奖励，比如优惠券、小礼品等，这样他们就会更有动力去分享，从而促进裂变的产生。

总之，公域引流与私域裂变需要综合运用各种策略和手段来实现最佳效果。此外，需要注意的是，无论公域引流还是私域裂变，都没有一成不变的方法。在实战中，我们需要不断地去尝试、优化和创新，随时根据客户的反馈来调整策略，以满足他们的需求。

09 Section 网络平台的赚钱思路

在这个信息爆炸、全民皆为网红的时代，社交平台如雨后春笋般崭露头角，成为亿万网民的每日打卡地。

而在这背后，隐藏着一个个赚钱的奇思妙想，今天，就让我们一起来看看，网红们都有哪些神奇的赚钱思路，他们又是如何在这个流量为王的世界里捞金的！

短视频带货

在以短视频为主打的平台，最常见的赚钱思路就是“短视频 + 带货”。

以美妆博主小美为例，一开始，小美只是出于兴趣在某短视频平台分享自己的化妆技巧和产品评测，逐渐积累了一定的粉丝量。后来，一次偶然的机会下，小美推荐了一款遮瑕膏，在视频中，她不仅详细展示了使用效果，还分享了自己的化妆技巧。这条视频获得了数十万的点赞和转发，而该遮瑕膏也在短时间内售罄，于是，品牌方主动联系小美，支付给她一笔可观的推广费用。发现这条变现之路后，小美开始与化妆品品牌合作，通过“短视频 + 带货”的方式实现了变现。

当然，拍摄短视频虽然简单，但想要脱颖而出，你的视频得足够吸引人，无论是搞笑、教育还是美食，总之得有个“钩子”把观众钩住，否则想得再多也是徒劳。

知识变现

在某些网络平台上，“知识变现”是赚钱的好办法。你可以通过分享你的专业知识、独特见解，甚至是生活经验来谋求流量。只要你的内容含金量足够高，能够解决观众的某些痛点，那么观众就会心甘情愿地为你买单。

比如资深程序员小李，就是通过在网络平台分享编程技巧和职场经验，成功吸引了一大批粉丝。而这些粉丝，最终都转化为他线上课程的购买者，让他实现了知识变现的目标。

生活秀场也能赚钱

许多网络平台成为生活的秀场，而其中也蕴含着商机，我们可以通过“展示生活 + 带货”来赚钱。起初，你可以展示日常生活、美食制作、手工艺品等，只要你的内容足够真实、有趣，就能吸引观众的关注。而当你的粉丝量达到一定规模时，你就可以开始带货了。

家住农村的小张就是通过这种方式来实现变现的。小张家住农村，一开始只是拍摄一些短视频，在平台上和网友分享自己的农村生活和农产品种植经验。这些接地气的内容吸引了大量城市观众的关注。他们纷纷表示想要购买小张种植的农产品。得知这一需求，小张开始通过快手直播销售自家的农产品。由于产品品质优良且价格公道，很快就获得了消费者的认可。小张的农产品因此供不应求，他的收入也得到了显著提升。

美丽与时尚的财富号召力

许多以女性用户为主的网络平台，可以说是美丽与时尚的聚集地。在这样的平台上，最普遍的赚钱思路就是“分享美丽 + 推广产品”。你可以分享你的护肤心得、穿搭技巧、旅行经验等，只要你的内容足够精致、有品位，就能吸引众多爱美之人的关注。而当你的分享获得了一定的认可度和影响力后，你就可以开始推广相关产品了。

时尚博主小丽就是通过这种方式在网络平台“站稳脚跟”的。小丽年轻漂亮，有着敏锐的时尚嗅觉和独特的审美品位，常常在小红书上分享自己的穿搭风格和时尚心得，很快就吸引了大量粉丝的关注。品牌商看到小丽的影响力后，向其发出合作邀请，一同推广时尚单品。之后，小丽还开设了自己的店铺，销售与穿搭相关的商品，以此来实现赢利。

无论哪一个平台，都潜藏着无限的商机，只要找准赚钱的思路，抓住机会，就能实现变现。但无论选择哪一个平台，都应该记住一点：内容为王！只有优质的内容才能吸引观众的关注并实现变现的目标。

10 Section

实体店 + 互联网，转型升级势在必行

2023 年 9 月，瑞幸联名茅台推出“酱香拿铁”，一上架就直接卖到爆单，不少网友都在网上晒出自己买到的“酱香拿铁”，还有一部分网友则是非常自嘲地晒出自己的手机订单，仔细一瞧，取货号码都排到了一百多号，想喝上这杯咖啡，估摸着得到两三个小时以后了……

不知从什么时候开始，我们想要点一杯奶茶或咖啡，再也不用辛辛苦苦去大排长龙，计算好时间，掏出手机，就能在网上把订单下了，之后再按照预定的时间去取货，简单快捷又方便。我们的消费习惯已悄然改变。

很显然，在这个互联网飞速发展的时代，单纯的实体店似乎已经有些跟不上节奏了。随着网络购物的兴起，越来越多的消费者选择在网上购买商品，享受方便快捷的购物体验，这无疑是对实体店的巨大威胁。

为了适应这种变化，“实体店 + 互联网”的转型升级势在必行，这种经营方式也确实已经成为一种潮流。

当然，虽然单纯的实体店经营已经有些“过时”，但实体店仍旧有着网购无法替代的优势——那就是体验感。你可以试穿衣服，试吃美食，这种亲身体验是网购永远无法提供的。所以，实体店要想转型升级，关

键还得把自己的体验式服务做到极致。

至于互联网，那可真是个神奇的东西，它能让世界变得触手可及。实体店要跟上时代的步伐，就得好好利用互联网这个强大的工具。比如，可以通过线上平台进行宣传推广，吸引更多的顾客进店体验；也可以用大数据分析顾客的购物习惯，提供更精准的服务。总之，实体店要拥抱互联网，才能在这个信息爆炸的时代立足。

先来看一个成功的案例——钟书阁。在电子书盛行的今天，实体书店面临着巨大的挑战。然而，钟书阁通过结合互联网，成功实现了转型升级。他们不仅在店内提供了舒适的阅读空间，还通过线上平台开展了各种文化活动，如线上读书会、作家分享会等，吸引了大量的文艺青年和学生群体。同时，钟书阁还推出了线上购书服务，配送速度快，书籍种类齐全，成功地将实体书店与互联网紧密结合，走出了一条新路。

“实体店 + 互联网”，运作得好，必然会带来一加一大于二的效果，二者的强强联合不仅能提升消费者的购物体验，还能为实体店带来更多的客流和销售机会。

想象一下，你走进一家实体店，试穿了一件衣服或试用了一款产品，觉得很满意。但店里没有合适的尺码或颜色，这时店员告诉你，可以通过他们的线上商城进行购买，不仅尺码颜色齐全，还能享受线上优惠。这种线上线下无缝衔接的购物体验，无疑会大幅提升消费者的满意度。

当然，“实体店 + 互联网”的转型升级也并非一蹴而就的。这需要实体店老板们有足够的创新意识和勇气去尝试新事物。毕竟，改变是需要勇气的，但如果不改变，那就只能被时代淘汰。

Chapter Six

六

短视频+直播创业

——低成本搏大回报

01
Section

短视频 / 直播，为何成风口

在这个信息爆炸的时代，短视频和直播如同一股旋风，席卷了全球。无数人成为低头一族。恰恰是这样，短视频 / 直播成为创业的一大机会，成为当下的风口。似乎人人都在做，人人都赚到了钱。

对于很多人来说，只要抓住这个风口，就有机会成功地“飞起来”。青年张锐就是因为抓住这个风口而让自己的事业实现“起飞”的。

张锐出生在南方的一个小镇，那里曾是颇有名气的竹编之乡，人们世世代代做这门传统手艺活。他从小跟父亲学习这门手艺，靠着它养家糊口。但由于小镇地理位置偏远，这些精美的手工艺品一直未能打开销路，当地手工艺人的生活过得颇为艰难。无奈之下，张锐也放弃了手艺，到大城市去打工。

在大城市打拼的几年，张锐感受到了互联网的力量，也发现很多城市人其实对纯手工的工艺品是非常感兴趣的。发现这个巨大的商机后，张锐决定回到家乡，利用短视频和直播平台，将小镇的竹编工艺品推向全国。

他开始在短视频平台上发布手工艺人们制作竹编的过程，展示成品的精美和实用性。很快，这些视频吸引了大量的关注和点赞。人们被手工艺人的精湛技艺和产品的独特性所吸引，纷纷表示想要购买。

随着短视频流量的暴增，张锐顺势在直播间开启了竹编工艺品的销售。他详细介绍了每款产品的制作过程和用途，还邀请手工艺人现场编织，让观众感受到产品的温度和匠心。直播间热闹起来，订单不断。

通过短视频和直播，小镇居民的收入有了明显提升，竹编技艺也焕发出了新的生机。

张锐的成功与短视频 / 直播的兴起息息相关，甚至可以说，正是因为搭乘了短视频 / 直播的“东风”，张锐才能成功为小镇的竹编工艺品打开销量，将这项传统技艺推向全国。

那么，为何短视频 / 直播能成为风口呢？

第一，“短视频 +”时代的到来

随着 5G 时代的到来，短视频 / 直播成为一个独立发展的行业，与其他行业的联系与融合也越来越密切，其变现、赢利也迎来了裂变式发展。

第二，人们行为习惯和消费习惯的转变

现在，大多数人都是低头族，习惯了在乘公交、上厕所、午休时刻，随时随地，刷视频、看直播。同时，人们已经习惯了网络购物，容易受到“粉丝经济”“网红经济”的影响，看个视频 / 直播，放松心情的同时，购买自己需要、喜欢的物品。

第三，成本低，创业便利

不论是制作短视频，还是直播，只需要一部手机，一个 App，就能轻松搞定。比之前的线下创业，需要租房子、雇人员，成本低很多，也

便利很多。

第四，丰富的商业模式

短视频 / 直播之所以成为风口，还得益于它们丰富的商业模式。点赞、秀场、付费、卖货等，只要你能满足消费者的需求，就可以赢得流量，获得红利。

02 Section

这个生意真的太暴利了

短视频+直播行业，只要你选对了，做对了，就可以让你实现财富梦想。可以不夸张地说，它能给你带来的暴利是你无法想象的。

美妆达人小雅靠着它，实现了自己的财富梦。

小雅化妆技巧非常好，是身边朋友、亲人的“御用化妆师”，而且她非常喜欢看美妆杂志，对于化妆品有独特的见解，也会在自己的朋友圈、微博分享一些美妆心得。

有一段时间，小雅工作出了问题，做得很不开心，于是萌生自己创业的念头。朋友知晓后，建议她发挥自己的特长，在短视频平台试试水。她不仅教授化妆技巧，还分享自己的护肤心得，推荐适合自己的产品品牌。就这样，凭借出色的表现力和高超的技巧，她迅速吸引了大量粉丝。

随着粉丝量的不断增长，一些美妆品牌开始注意到小雅，纷纷向她抛出了橄榄枝，让她在分享时介绍自己的产品，吸引粉丝们来“种草”。由于她对产品的真实评价和详细的解说，被“种草”的粉丝越来越多，大幅地提升了产品的销量。品牌方看到了小雅带货的能力，也与她签订了长期合作合同。后来，几个知名品牌也与小雅达成了合作，使她完成了从达人到头部 IP 的华丽转身。

不到 2 年的时间，小雅成功实现了由职场打工人到带货主播的转变。

不过，任何一个行业，真正能赚到钱的永远只占少数。更何况这个行业是有门槛的，且门槛还挺高。如果你既没有口才，又没有学识，甚至连观众缘都没有，便很难在这个行业中掀起水花。最终，很可能是花费了大量的时间与精力，到头来一分钱都没有赚到。

你想要吸引更多的粉丝，在这个行业立足，就需要知晓暴利背后隐藏的关键因素有哪些。

第一个关键因素：做好内容和引流

不论是短视频还是直播，想要赢利，必须保障吸引更多粉丝，并保持粉丝的黏性。而这需要我们做好内容和引流，先输出高质量、有情感性或有悬念感的内容，然后有技巧性地在各大平台进行引流。

第二个关键因素：巧妙地利用“关键人”去影响买家

卖货的两端，是“关键人”与“买家”。买家，就是客户，是消费者。而“关键人”是谁？他就是你自己。你需要弄清楚你是谁，你想影响谁，你要带来的价值是什么。强化信任，成为达人，或头部 IP，便可以用影响力换销量。

第三关键因素：必须考虑产品供应链、售后、运输等问题

很多人认为带货，只要做好直播就行了。于是，他们在直播上下足了功夫，却忽视了选品、运输、售后等问题，导致产品质量不好，粉丝抱怨连连，或是直播结束十几天后，厂家还没有发货，或是产品出现了问题，粉丝得不到赔偿，等等。

这样的情况，只会让你的直播昙花一现，不能持续地变现，更不能实现赢利。

第三关键因素：选好自己的场，即平台

目前短视频/直播平台有很多，诸如抖音、快手、小红书、微博、淘宝等。每个平台都有各自的特色、优势，用户画像也大不相同。

就拿小雅来说吧，因为她选择美妆赛道，所以选择了适合自己的抖音、小红书平台，尤其侧重于小红书。因为小红书平台流量精准、用户活跃度高、女粉多，品牌货、进口货非常畅销，非常适用美妆类直播。

试想，要是小雅没有正确选择平台，很可能收效就大打折扣了。

03
Section

短视频与直播，哪个才是你的“白月光”

对于白手起家的小伙伴来说，短视频与直播究竟哪一个更适合自己呢？

其实，两者各有优势，都有一定的可行性。但我们首先得知晓这两者的优劣势是什么。

短视频通常精练、有趣，易于传播，受众人群广泛，同时它适合人们快节奏的生活，更容易吸引粉丝。但它的互动性比较弱，容易让创作者忽视内容的深度和多样性。

直播真实性和互动性更强，缩短人与人之间的距离，让粉丝更有参与感和归属感，所以粉丝黏性非常强。不过，容易冷场，一旦不能让直播吸引人，客户就会大量流失。

明白了它们的优劣势之后，接下来，就应该根据个人的实际情况去选择了。

小玲是一个新手小白，想尝试短视频领域。因为厨艺不错，她决定做美食类的短视频，分享一些烹饪技巧、烹饪教程。她的个人标签是“寻常美味，家的味道”。短视频内容除了家常菜，还有一些糕点、零食、小吃的制作教程。

一段时间后，小玲的短视频传播效果还不错，但因为互动性和深度有限，粉丝黏性不怎么好。这对于之后的变现是不利的。

思考之后，小玲开始尝试直播。在直播中，她积极与粉丝互动，回答不同的疑问，给予不同的反馈。同时，她还带着粉丝去挑选食材，与粉丝一起制定菜谱，然后进行更深入的烹饪教学。直播方式，不但吸引了对烹饪有更高兴趣和需求的观众，还建立了彼此更紧密、牢固的关系。

因为选择具有较大优势且适合自己的直播，小玲的创业之路开始步入正轨。

当然了，短视频与直播究竟选择哪一个，并没有固定的答案。但需要注意以下几点：

第一，究竟怎样选择，看你的优势、侧重点是什么

选择短视频还是直播，需考虑观众、内容和互动。短视频更适合年轻观众，展示简短有趣的内容，便于快速传播。直播则更吸引追求真实互动的观众，适合展示过程性内容，提供实时互动。

第二，喜欢很重要，但适合是最重要的

你可以选择自己喜欢的，但要把喜欢与适合结合起来。

如果你有独特的创意和趣味，喜欢拍摄和剪辑视频，时间不充裕，侧重于分享，可以尝试短视频；如果你表现力强，善于与粉丝互动，想与粉丝进行深度交流，那么可以尝试直播。

第三，不必非要二选一

当然，如果你的优势适合短视频＋直播的模式，你也可以兼顾。

事实上，很多成功者都选择了这一模式，比如达人小溪，每天制作

短视频，写文案、发视频，吸引流量。具有一定粉丝基础后，开始直播，每周直播 3 次，固定时间为每周一、三、五晚上 8 点，分享技能，也给一些店铺、品牌带带货。很快，小溪粉丝量达到了 100 万 +，直播变现效果非常好。

第四，需要注意一点：千万不要随便选择，不要盲目地跟随别人、模仿别人

如果只看别人直播很轻松就赚了十几万、上百万，便一心选择它，却忽视了客观因素的存在。那么，你就会成为一个失败者。

04
Section

短视频 / 直播的热门赛道细分

想要创业成功，你得选对赛道。

短视频 / 直播赛道有很多，有的热门，有的冷门，有的适合广大群众，有的聚焦于特殊群体……

热门赛道一：生活技能

这一赛道主要针对刚步入社会的年轻人或独自生活的人们。内容包括各种生活技巧和常识，视频具有实用性和指导性，能够帮助观众解决实际问题。

生活技能类博主“打工仔小张”，关注了初入社会的年轻人面临的实际问题，也关注了中老年人对于不断更新的“生活常识”的需求，教会了人们很多急需的生活技能。而且，她的短视频真诚、实用，边演示边讲解，所以深受广大网友的喜爱，被戏称为“社会生存学顶流”。

热门赛道二：文旅

这个赛道结合了旅游景点的美景、风土人情及当地美食等元素。通过分享旅行经历、打卡美食、探店或旅游攻略等内容，为观众提供沉浸式的旅游体验。

热门赛道三：二创剪辑

简单来说，就是电视剧、电影、综艺的解说剪辑，还包括了影视混剪、案件解说、搞笑素材混剪等。

比如，吐槽类影视解说，专注吐槽那些奇葩、雷人的电影。解说者的声音非常具有特色，夸张、幽默，抑扬顿挫，配乐大多是比较幽默、搞笑、节奏快的风格，营造出搞笑、夸张的氛围，迎合很多生活节奏快、压力大的年轻人的需求。

热门赛道四：个人 vlog

很多素人喜欢记录自己的日常生活，包括每日饮食、职场工作、带娃感受等，然后发布成 vlog 的形式。贴近人们生活的形式，也能感染人，引起人们的共鸣，成为人们喜欢关注的一个类型。

热门赛道五：美食

美食，永远是人们最关注、最喜欢的话题。包括烹饪教程、美食探店、美食评测等多种形式。这些内容能够激发观众的食欲和好奇心，满足他们对美食的热爱和追求。

此外还有美妆赛道、旅行赛道、健身赛道等。

对于很多人来说，选择热门，就意味着成功。其实，这一说法并不完全正确。选择了热门赛道，代表你有非常大的目标受众群体，有很多的机会和可能性。

但是，随着人们的需求越来越个性化、细分化，相对于选热门来说，对热门行业进行细分，精准运营才能事半功倍。不妨来看看创业者李静的故事吧!

李静是一位美容师，也是一位热衷于写作的分享者。她一开始拍短视频只是为了分享护肤知识，没想到因为短视频很专业，且针对性强——只针对肌肤抗衰老问题，所以作品受到了欢迎，浏览量和点赞数不断攀升。

这份成功给了李静很大鼓舞，她决定认真对待，积极发展自己的副业。不过，她也面临一个问题：是只致力于护肤，还是涉足整个美妆赛道？经过思考之后，她决定只专注护肤赛道，而且重点侧重于抗衰老。因为她觉得虽然赛道大，机会也会多，但无法做到内容垂直和精准运营。

果然，由于短视频的垂直性和专业性，她得到了平台的大力推荐，吸引了更多的粉丝。这些粉丝不但对她的内容感兴趣，还愿意为她的产品推荐、测评买单，从而让她实现了快速变现。

从李静的故事可以看出，内容越垂直，赛道越细分，越容易获得流量。那么，如何在各大行业赛道下找到和选择细分赛道呢？这个过程中，又需要注意哪些事项呢？

第一，知道自己有哪些可选项

不管做什么，我们都需要知道手里有哪些可选项，然后从这些选项中选择适合自己、符合市场趋势的那一个。如果手里没有可选项，那么问题会变得难很多。如何罗列可选项？很简单，精确定位自己擅长的领域，然后选择领域内的热门赛道，再进行细分。

第二，关注细分的类型

赛道的细分，与市场需求的多样化、用户群体的高需求有关。我们可以对用户群体进行细分，先分为男性与女性，再分为年轻丽人、宝妈、职场白领等，再细分为喜欢时尚、侧重奢侈品、关注实用性等。

第三，尊重差异，精准定位

不同的用户群体有不同的需求，即便某一领域不那么热门，但也会有小众用户的喜欢和关注。你能精准定位，投其所好，也能打造好垂直度。

第四，针对某一方向，做深度的内容

我们需要对自己所选赛道进行一层层细分，然后针对某一方向做深度的内容。但需要注意的是，细分的赛道不能太过于狭窄、偏门。受众群体过于小，垂直性是高了，但竞争优势也减弱了。没粉丝，没竞争力，又如何出圈，如何变现呢？

05
Section

爆款短视频的黄金法则和底层逻辑

我们时常听说，某某博主一个爆款短视频就收益上万、十几万，甚至更多。于是，人人追求爆款，人人都绞尽脑汁想要制作出爆款。那么，是不是所有人都可以创作出能够吸引眼球、引爆话题的爆款呢？

其实，这并非不可能。

只要你知晓了爆款创作的黄金法则，掌握了爆款内容的底层逻辑，就可以实现这一目的。那么，其黄金法则和底层逻辑究竟是什么？

黄金法则——内容为王

短视频，内容是核心，是吸引观众的关键。因此，创作爆款短视频的黄金法则，就是在内容上下功夫。这要求我们的内容要优质，垂直度要高，趣味性要强，能触动人心、引发情感共鸣。同时，内容输出要注重差异化，避免同质化。

短视频博主文雅，以创作生活类短视频为乐。起初，她只是偶尔分享一些自己的生活片段，分享一些生活小贴士。很快，她发现这些内容并不能引起观众兴趣，每个视频的流量都少得可怜。

于是，文雅开始思考："为什么别人能创作出爆款短视频，他们的秘诀是什么呢？”

经过一段时间的观察和思考，她发现那些爆款短视频都有一个共性，那就是内容优质，别具一格。因此，她开始一边学习一边寻求改变，在内容的创意、质量上下功夫。同时，她开始关注一些热门话题以及观众关心的话题。

很快，她根据观众需求，结合自己独特的见解和创意，创作出一系列富有趣味性、实用性的短视频。这些视频不仅内容优质，而且形式新颖，点赞量大有提升。其中一个展示中国传统生活和手工艺的短视频成为爆款，因为它不但画面精美，内容有深度，而且切合了当下年轻人热衷于传统风俗、传统手工艺的需求，激发人们的自豪感和归属感。

底层逻辑——满足观众的需求或情感

每一个成功的爆款背后，都有一个底层逻辑，那就是精准地抓住了目标受众的需求和情感，使得观众在观看的时候，能找到情感的共鸣，或产生情感的认同。

比如泰国广告《妈妈的味道》之所以成为爆款，就是利用了简单的故事，唤起了观众对于母爱的共鸣，回忆起与母亲有关的点点滴滴。

再比如，舞蹈、唱歌、绘画等才艺类短视频，具有较高的观赏性和艺术性，为观众提供了娱乐、消遣，也满足了观众对美的追求，更能激发他们的兴趣。

爆款短视频的特点——亮点突出、易传播

弄清楚爆款短视频的黄金法则和底层逻辑之后，我们还需要了解它都有哪些特点，这样才有利于我们找到规律，创作出爆款。

特点一：亮点突出，短时间吸引观众

爆款内容的第一个特点，就是在短时间内展示核心内容，并突出亮点，在众多短视频中迅速抓住人们的眼球。如果内容比较冗长，且亮点模糊，那么就失去了趣味性，更无法让人留下来。

特点二：易传播，能迅速引爆流量

爆款短视频通常是易传播的，在短时间内，就能迅速走红网络，引爆巨大流量。

那么，易传播的短视频又具有哪些特点呢？一是节奏把握得好；二是时长不太短，也不太长；三是画面感好，剪辑出色；四是精准地满足了现代人渴望放松和解压的心理需求。

06 Section

三分钟！秒懂短视频拍摄和剪辑

要想在短视频这个领域脱颖而出，除了输出优质内容外，还需要掌握一定短视频拍摄和剪辑技巧。如果你只是随便拍一拍，视频没有任何美感和艺术感，让观众看了感觉索然无味，那么别说出圈了，就连生存都生存不下来。

要知道，每个平台每天都会有无数创作者发布视频，你的视频不出色，就会被淹没在“汪洋”之中。

因此，你必须掌握拍摄、剪辑的技巧，用好的镜头语言来表达。

艾克是一家咖啡店的老板，想通过短视频的方式来宣传自己的店铺，吸引更多消费者。在这个过程中，他巧妙地运用拍摄和剪辑的技巧，让自己的短视频受到无数关注和消费者的喜欢。

接下来，来看看他是如何做的吧！

第一步：巧妙构图，用镜头捕捉美丽

在拍摄上，艾克主要侧重环境的温馨、舒适，咖啡的研磨、冲泡，以及客户品尝咖啡的满足感。镜头构图有全景，有细节，同时通过不同的运镜来展示店铺的特色和咖啡豆的研磨、咖啡的冲泡，以及咖啡师的

精湛技艺。

如果镜头凸显了画面的美与艺术，给予观众视觉的冲击力，传递出个人的情感和思想，那么他的短视频就成功了一半。

可以说，美和艺术感需要用构图来展现。针对这一点，我们可以选择以下构图方式：

一是中心构图，突出重点，使得画面达到左右、上下平衡。

二是黄金分割构图，把焦点或主题放在黄金分割点，给人带来视觉上的最美感受。

三是景深构图，镜头聚焦于某一物体，使得景物突出、清晰，周围的背景虚化、朦胧，形成朦胧与虚化的美。

第二步：把控光影，营造光与影的美

在光线的运用上，艾克利用自然光和灯光的配合，营造出一种氛围感。

巧妙地利用光线，包括自然光、灯光设备等，来让画面充满层次感，明暗有致，光影婆娑。比如，逆光拍摄树叶，光线穿过，可以让树叶变得晶莹剔透，让画面有质感和氛围感。还可以借助路灯、霓虹灯、烟花等来突出人物、事物，增加人物的立体感和画面的层次感。

第三步：镜头炫技，制造酷炫效果

通过镜头的推、拉、摇、移，可以让短视频变得更高级。比如环绕运镜，是以一种巡视的视角去运镜，不但能渲染情绪，还可以让整个画面更有张力。而跟随运镜，采取低角度拍摄，拍摄人的脚步、滑滑板、宠物奔跑等，可以增加运动感和空间感。

第四步：配乐，为自己的视频锦上添花

在配乐的时候，艾克选择了轻快、舒缓的新音乐，让人听了心旷神怡，也提升了短视频的视听艺术感。

可以说，好的电影，配乐很关键，好的短视频，也是如此。选对背景音乐，你的视频就能瞬间“活”起来。

需要注意的是，选择配乐的时候，不能只看自己喜欢不喜欢，也不要只关注热门，而是要注重与画面相贴合，看配乐是否制造意境、突出情感。

一位短视频创作者发布了几组雨中江景的短视频，景色优美，运镜也很顺畅。可是，几个作品的流量相差很多，好几个短视频点赞者寥寥无几，两个短视频的点赞量却高达百万，且粉丝留言高达十几万。

为什么?

关键在于配乐。其他作品配的是当时比较流行的西方音乐，虽然舒缓动听但明显和景色不搭配，无法营造出美的意境。而爆款短视频则配上了具有东方特色的国风音乐，让人有身临其境的感觉。

第五步：剪辑，让创意清晰可见

剪辑可以实现镜头和场景的切换，让故事的逻辑、衔接更巧妙和自然。所以，艾克也没有忽视剪辑，他主动学习了剪辑的技巧，并结合自己的想法，把短视频变成富有故事感、创意十足的“大片”。

剪辑的时候，他采取混剪的方式，不但去掉冗余部分，留下出色镜头，还运用快速切换镜头的手法来展现咖啡的制作过程，同时穿插客户品尝咖啡后惬意、轻松的表情。

07
Section

从“小白”到主播——直播进阶指南

在这个人人都可以做自媒体的时代，你是不是也想成为一位主播?

不过，在这之前，你需要了解关于直播的原理、平台、技巧，以及各方面的知识。

一、直播原理初探

简单来说，直播就是互联网技术实时传输视频和音频信号，让观众能够实时观看主播的表演、与主播进行互动。当主播开启直播时，摄像头和麦克风或其他音视频输入设备会捕捉现场的信号，这些信号将现实世界的场景和声音转化为数字信号，实时传输到观众的设备上。

当然，想要开启一场高质量的直播，你必须选择合适的设备，包括摄像头、麦克风，还有摄影灯、三脚架、补光板等。

作为新手小白，你可以选择手机直播，因为它的像素、摄影功能、对焦功能都比较完善，足以满足直播需求。而且，智能手机可以实现美颜、滤镜功能，可以提升你的直播效果。如果你有条件的话，也可以选择专业的直播设备。

二、直播平台介绍与选择

选择一个合适的直播平台，对于成为一名优秀的主播来说，是至关重要的。目前，有很多直播平台可供主播选择，比如抖音、快手、虎牙、B 站等。每个平台都有各自的优势和用户群体，你可以根据自己的内容和风格来选择合适的平台。

主播小 B，是一名才艺主播，生长于内蒙古高原，能歌善舞。一次偶然的机会，她接触到直播，于是开始在抖音上直播唱歌，并记录自己的草原生活。因为她的歌声粗犷嘹亮，有着草原歌声特有的美丽，所以，直播受到了观众的热烈欢迎。她的粉丝数量迅速增长，直播间的观众人数也经常达到几万甚至是 10 万人次。

除此之外，还有酷狗直播、淘宝直播、映客直播等平台，也是可选的平台。你可以根据自己的兴趣和目标来选择最适合的那一个。

三、直播技巧

想要成为一名优秀的主播，你还需要掌握一些直播技巧。比如，你要选择合适的妆容，以最佳的个人形象展现在粉丝面前。但是，要保持自然、大方，千万不要过于矫饰，更不要过度使用美颜或特效，否则会适得其反。

与粉丝互动的时候，要保持谦虚有礼，要友善和尊重，不要扭扭捏捏，也不要一副高高在上的样子，更不要因为观众的一次批评就发脾气、指责痛骂粉丝。

同时，你要注意直播内容的策划，如果有才艺，如唱歌、弹琴、跳舞等，可以在直播中展示，增加直播的观赏性；如果你是一个风趣幽默的人，可以尽情地展现幽默，在与粉丝互动的时候，适时地加入搞笑段子，让直播间更热情、有趣。

四、直播时的良好心态

对于新人来说，直播时的良好心态也非常重要。因为直播中，你可能会遇到各种各样的情况，包括技术问题、观众反馈等。面对这些问题时，如果你不能稳定情绪，心态很快就崩了，那么之前的一切努力都白费了。

才艺主播晓慧，就因为心态不好，断送了主播生涯。

她是一名颇受欢迎的才艺主播，她以甜美的歌声和阳光的形象吸引了大量的粉丝。可是，一次直播过程中，设备出现一点问题，声音出现卡顿的情况。一开始，她还保持微笑，给粉丝解释。结果，好几分钟了，问题还没解决。直播间的人数迅速下降，一些粉丝也在弹幕上抱怨。见此，晓慧的心态崩了，直接向运营人员发脾气，说他们无能、愚蠢……

这下，直播间气氛降至冰点，很多粉丝感到失望，立即脱粉。尽管之后，晓慧真诚道歉，但是后果已经产生，她失去了大量粉丝，直播间也越来越惨淡。

所以，主播必须修炼一颗强大的心，不但要善于调整自己的心态和情绪，更要积极、自信。

另外，作为新手小白，你要学习和掌握一定的直播话术和沟通技巧。这一点，我们下一节会详细阐述，这里就不再多说了。

好啦！现在你已经了解了直播的原理、平台、技巧和知识啦！如果你想要成为一名优秀主播，利用直播事业来赚取收益，那么就行动起来吧！

08

Section

新手直播，话要这样说

如今直播平台有很多，直播模式也多种多样，如果你能够合理利用直播平台，就可以迅速赢得流量红利。不过，直播并不那么容易，新手小白想要利用直播创业，并拿到不错的成绩，是比较难的事情。

新手小白需要善于表现自己，让直播间迅速热闹起来，吸引粉丝继续看下去，同时需要掌握高超的产品展示和介绍技巧，精准地突出产品的特色、优势，需要把握粉丝的心理，把话说到他们的心里，刺激他们的购买欲……

这一切都需要话术。掌握了直播话术，你的创业将事半功倍，比别人快好几步。否则，就会落后好几步。

小新是一位新人主播，深知直播话术的重要性。所以，她在直播前，研究了很多出色主播的话术，从中吸收了很多经验、总结了很多技巧。

开场白

开场白很重要。好的开场白，可以留下观众，让人不至于“不停留就划走”。小新总结出几个不错的开场白方式，有幽默、有趣的，也有生动、直白的。比如：“大家好，我是新人主播小新，今天上班路上遇到一件趣事……”“大家好，欢迎来到我的直播间！我是新来的主播小美，今天是我第一次正式直播，真的好紧张啊！”

最重要的一点，开场白应该是新颖的。

互动

小新一开始遇到的最大问题就是，不敢互动、不善于互动，容易让直播间冷场。而冷场是直播的一大忌，所以她认真研究了互动的话术，想办法让直播间热闹起来。

比如，“我看到好多粉丝给我留言，真的好开心啊！这位……，你的关心我收到了，感谢，比心！”“今天新进来几位新粉丝，……欢迎大家观看主播的直播。我给大家发了红包，大家点关注可以领取哦！”“×× 进来了，欢迎欢迎。每次主播都能看到你的身影，真是太感动了！……”

介绍产品

产品介绍得好，能巧妙地把产品的优点、亮点呈现出来，就可以刺激粉丝的购买欲。小新侧重学习了讲解产品、突出卖点的话术。比如“这款衬衫是纯棉面料，柔软、舒适、透气，而且上身效果好……”“这个品牌的设计比较人性化，设计讲究柔性……”

引导点赞和关注

想要增加流量、粉丝黏性，要使用话术来引导关注点赞和关注。可以这样说：“谢谢 ××、××× 的关注，朋友们的支持给了我很大信心，我以后会更加努力！”

结束语

结束与开场一样重要。小新总结出几个不错的结束语，比如“好啦，今天的直播就到这里啦！非常感谢大家的陪伴和支持，希望下次直播还能见到你们哦！”“谢谢大家，我要下播了。大家记得关注我哦！”“感谢大家今晚的陪伴，我知道分别是必然的，所以希望大家下次再见面时，都是满怀喜悦。”

研究好话术，结合自己的实际情况进行调整与创新，小新的直播事业也渐入佳境。

所以，对于新手来说，直播话术很重要。它可以让你快速上手，确保直播间不冷场、不尴尬，同时也可以留住粉丝、提高粉丝的黏性和忠诚度。

那么，使用直播话术，需要注意哪些要点呢？

首先，给自己一个定位，选择恰当的话术

新人要打造自己的形象，给自己一个清晰的定位，或文静或干练，或幽默或直白，或可爱或有亲和力……不同的定位，要制定适合自己的话术，不能让话术与形象相矛盾。否则的话，容易让粉丝产生错乱感，对直播产生反感。

其次，要做到精准提炼，准确表达

不管是开场白、互动，还是介绍产品、分享故事，要做到语言精练，千万不能絮絮叨叨，没完没了。你讲了半天，观众听得云里雾里，想半天也抓不住你话里的重点。尤其是关键时刻（介绍产品卖点），你啰啰唆唆，绕来绕去，粉丝哪里还有兴趣听下去？

所以，新手小白要避免出现以上情况，力求做到精准提炼要点，让自己的表达更清晰，一语中的。

最后要注意的是，不能照本宣科

你可以借鉴别人的话术，但是不能完全复制，不能照本宣科。同时，要注意创新，不能长时间使用一种话术。没有新意的话术，再经典，也很难吸引人。更何况，别人的，不一定适合你。

09
Section

从主播修炼、平台运营到商业获利

如今，直播行业如火如荼，一边看直播、一边购物已经成为大部分人的习惯，也可以说是乐趣。而从另一方面来说，直播“带货”也成为诸多有着赚钱想法的年轻人的第一选择。在他们看来，与其他创业相比，直播带货简直“太简单”了。一位主播、一部手机、一支话筒、一个摄像头，就可以带来不少收益。

但说实话，如果你只想小打小闹，这样的确可以。如果你想要像那些顶级主播、大 IP 一样，就必须做好个人修炼、平台运营，然后再进一步研究如何商业获利。不管是哪一步，都不是一件简单的事。

今天，我们就来聊聊这个话题，看看如何让你一步步成为优秀的主播，凭借直播走上巅峰。

第一，作为主播，如何修炼自己？

答案是，打造个人 IP。

成为一名优秀的主播，首先得找到自己的定位，展示自己的特色。不管是才艺展示、游戏直播，还是知识分享，都需要找到一个独特的切入点，形成一个与众不同的标签化 IP，进而吸引观众的注意力，赢得观众的喜欢。

同时，你还需要不断提升个人素养，包括语言表达能力、互动沟通能力以及应对突发状况的能力等。如果是带货主播，必须掌握专业的销售技能，懂一些销售心理学，做到精准地展示和介绍产品，轻松地把话说到粉丝心里，刺激其购买欲望。

美妆主播美美就是如此。对其他主播相比，她说话风趣幽默，喜欢讲一些生活趣事，尤其是自己初学化妆时的糗事，在短时间内吸引了大批粉丝。她的直播间总是充满欢声笑语，让观众在轻松愉快的氛围中学习一些化妆技巧，避开一些生活中的化妆陷阱。

不仅如此，她还不断提升自己的表达能力，尽量把专业的知识转化为轻松风趣的语言。为了满足粉丝不同的需求，她定期参加各种美妆培训课程，致力于为粉丝提供专业的美妆建议。

所以，当她带货的时候，粉丝都愿意买单。她也成功地转型了，业绩越来越好。

第二，作为主播，如何进行平台的运营？

答案是，持续互动与持续创新。

流量基于大数据而产生。任何平台的算法都是以大数据为基础的，包括点赞量、弹幕量、打赏量、送礼量等。所以，主播要积极与粉丝进行互动，引导粉丝去点赞、发弹幕、打赏，也可以向粉丝提问，让其回答问题或引导粉丝来提问，自己回答问题。

直播方法不能一成不变，要善于创新，给粉丝以新鲜感。优秀的主播总是会不断地去改变直播间，去室外、去具有特色的场地……这些都可以带来巨大流量，并且增加粉丝的黏性。

比如，一些主播销售水果、蔬菜的时候，会把直播间搬到果园、菜园，现场直播水果、蔬菜采摘、挑选、装箱、打包、发货的过程。这样一来，不但让粉丝感到新鲜，而且还能让他们看到最真实的情况，对于销售的提升能够起到巨大的作用。

第三，如何实现商业获利？

答案是，寻求多元化变现模式。

想要商业获利，必须有两个前提：一是必须有高质量、持续输出的内容；二是必须有精准、庞大的粉丝群体。

商业获利的方式是多种多样的，比如广告植入、商品推广、浮窗Logo、贴片广告、带货等。此外，主播还可以与产品品牌进行合作，成为品牌的代言人或者形象大使。

主播可以积极尝试，寻求多元化的变现模式，而不是拘泥于一种模式。但是，要注意几点问题，即需要把直播内容与广告、商品推广巧妙地结合起来，不要让粉丝感到反感；品牌的选择要慎重，要选择适合自己的 IP；注重产品品质。这样才能实现双赢。

来看看音乐主播小黄的变现故事吧！

小黄凭借出色的唱功和独特的音乐见解，在直播平台上迅速崛起。他每天坚持直播唱歌，并与观众分享音乐背后的故事和创作灵感。一段时间后，他积累了大量的忠实粉丝。

因为粉丝群体越来越大，平台对他进行了流量支持。所以，他迅速爆火，成为平台上的大 IP，不但知名度提升，商业价值也大幅提升。

再后来，小黄开始与音乐品牌进行合作，推广新歌和音乐会。他的直播间成为音乐爱好者的聚集地，也为他带来了可观的商业收入。

总之，从主播修炼、平台运营到商业获利是一个优秀的主播需要经历的过程。只要你想要获取红利，就不能忽视任何一个环节。

Chapter Seven

七

知识付费

——每种专长，都能变现

01 Section

知识付费是什么，为什么能赚钱

知识付费是什么？

它是一种获取特定知识或技能的方式，为了获得相关知识内容，用户需要支付一定费用。对于新手小白来说，这一个项目具有一定的优势，只要你掌握了某种专业知识、技能，而这些东西是人们想要了解的，可以给人们带来帮助，那就有市场。

其实，知识付费并不是什么新鲜事。就好像我们之前拜师交学徒费，咨询交咨询费，不都是在为知识付费吗？只不过，随着时代的发展，知识付费的范围极大地扩展了。随着人们生活节奏越来越快，时间越来越紧张，也更愿意付费来获取某些知识、学习某些技能。

40 岁的吴微是一名专业的母婴类营养师，长期致力于婴幼儿营养与成长的研究，积累了丰富的育儿经验。一些教育、IT 领域的专业人士利用知识付费拿到了红利，让事业焕发青春，她也跃跃欲试，决定抓住这一专业知识转化为收益的机会。

在朋友的建议下，她开始在头条号上分享育儿知识，教宝妈们科学育儿、纠正一些错误的育儿理念。一开始，由于没经验，她在文章写作和标题吸引度上遇到了挑战，导致阅读量不高，收益不理想。

但是，她并没有气馁，而是努力提升自己写作能力，同时积极寻找解决问题的方式。后来，悟空问答（原头条问答）上线，她发现这种问答形式很适合自己，不但可以有效地解决自己文笔不足的问题，还能有效地帮助宝妈们解决实际问题。

于是，她迅速调整策略，将主要精力投入到问答上。由于她的回答非常有专业性，且能抓住宝妈们的心理需求，所以阅读量迅速提升。

随后，她还尝试以图文结合、视频讲解的方式，让内容更丰富、直观；努力提升运营水平，进行账号的宣传与推广，让自己的专业技能和知识更具价值。这一切，都让她在宝妈中的影响力越来越高，很多人成为她忠实的粉丝，有什么问题第一时间向她请教，还介绍身边的朋友、亲戚都来关注她。

吴微充分利用了知识付费进行创业，将知识转化为实际收益。

可以说，知识付费是一种新兴的知识获取方式，也是人们创业的一个新方向。那么，它为什么能让吴微这样的创业者赚钱呢？

第一，满足人们的个性化需求

信息时代，也是一个知识爆炸的时代，知识更新速度非常快。人们对于知识的需求越来越多样化、复杂化，且不同的人需要的知识也大不相同。知识付费可以为人们提供专业、有针对性的知识，满足人们的个性化需求。所以，人们都愿意为它买单。

第二，高质量内容稀缺

虽然通过阅读、日常学习积累，人们可以掌握大量的知识，但是这些知识比较浅显。一个普通人很难了解和掌握高质量、系统化的知识内容。所以，当专业人员、资深从业者分享高质量、专业价值比较高的知识的时候，人们更愿意购买。

第三，节省时间和精力

现代人工作忙碌，生活压力大，没有时间和精力去学习一些专业性、系统性的知识。而知识类博主，精心整理、编排的知识，不但可以帮助人们解决棘手问题，还节约了人们的时间和精力。为了这一份便利，人们自然愿意花钱来买了。

第四，新的阅读习惯和消费习惯的形成

随着移动互联网的发展和消费水平的提高，人们的消费观和消费方式也随之发生改变。智能手机的普及，移动支付工具的广泛应用，人们逐渐开始形成移动阅读、移动消费的习惯，所以也更倾向于为知识付费。

第五，社群效应

现在越来越多人有意识、无意识地加入各种社群，在这个过程中，用户之间的交流、分享也越来越多、越来越深入。在这个过程中，人们越来越多地接触知识付费，逐渐从“路人”发展为潜在用户，再到用户，最后到忠实粉丝。

02
Section

你缺的不是知识，而是变现的能力

在知识经济的时代，每一个厉害的“大牛”都想利用知识来变现，可结果他们如愿以偿了吗？并没有。而且让他们难堪的是，那些在知识层面、技术领域不如自己牛的人，竟成功了。他们不但轻松找到一个或多个变现渠道，还轻松实现了财富自由。

为什么？很简单，知识付费创业，靠知识，更靠变现能力。

安晓辉就将知识变现发挥到了极致。或许他不是顶尖技术“大牛”，但是他懂变现呀！

他曾是一家知名软件公司的研发经理，但由于所负责的产品市场反响平平，他开始寻找新的职业突破口。这个过程中，他意识到自己在 IT 领域多年的知识和经验可能具有潜在的市场价值。

一次偶然的机会，他在一个 IT 信息交流平台上分享了自己关于 Qt 应用开发的心得。没想到，这篇文章迅速走红，许多读者表示这样的内容具有专业性，能帮助自己解决很多问题，很愿意为这样的专业内容付费。这给了他一个启示：知识付费创业或许能成为自己人生新的突破口。

于是，他开始精心策划和制作关于 Qt 应用开发的专业教程，并定价销售。这些教程凭借其深入浅出的讲解和实用性，迅速在开发者社区中传播开来。许多开发者愿意为这些高质量的内容付费，以提升自己的技能。

看到市场反响热烈，他进一步拓展了自己的知识付费领域。他不仅提供了 Qt 应用开发的高级教程，还针对 Android 开发、职业规划等热门话题制作了系列课程。这些课程在各大知识付费平台上架后，受到了广泛欢迎。

此外，他还利用自己的影响力，在知乎 Live、分答等知识分享平台上进行直播互动，解答用户疑问，分享行业经验。这些直播活动不仅为他带来了可观的收入，还进一步提升了他在行业内的知名度。

再之后，他开始出版图书，教人们如何开始副业、如何成功转行……

对于普通人来说，知识变现很难。那是因为渠道、流量、资源等这些东西，远远比知识本身重要得多。所以，除了专业知识与技能的积累，你还得提取知识成功变现的几个关键要素。

要素一——内容有价值、有深度

想要吸引粉丝，并让别人心甘情愿地付费，必须创作出专业性强、质量高的内容，且分享的经验和见解对粉丝有实际性的帮助，解决其所遇到的难题。

要素二——抓住市场趋势

知识付费创业需要我们及时了解世界、了解市场、了解行业发展趋势。尤其对于市场趋势，要有敏锐的观察，并抓住新的机会，做出迅速反应。

要素三——有效地推广与传播

除了要利用多渠道进行传播，提高自己的曝光率和影响力，还需要制定有针对性的推广策略，针对粉丝的需求、兴趣点进行内容创作和推广。

要素四——持续学习与创新

想要持续变现，我们就需要去学习、去创新，尝试新的内容形式，摸索多元化的输出方式。只有持续地学习和创新，才能保持内容的活力和吸引力，满足粉丝需求的变化。

掌握以上四个要素，你的成功率就会大幅提升！

03
Section

五个步骤，教你实现知识变现

知识和技能变现，是这个时代创业赚钱的方式之一。

随着人们观念和消费习惯的改变，以及各大平台的推动，越来越多的创业者拥入这一领域。但是，一些人热情是有了，却因为没有掌握方式方法，不精通知识变现的步骤，最后铩羽而归。

所以，在行动前，需要了解一些方法、步骤以及技巧，为自己的创业保驾护航。

林怡从中学开始就对心理学感兴趣，于是大学选择了心理学专业，把爱好发展成为专业。毕业后，她希望将自己所学的心理学知识传递给更多人，同时实现自己的价值。

她在一家心理咨询机构实习、工作了 5 年，积累了丰富的理论知识和实践经验。慢慢地，她发现自己不想走传统的心理咨询师路线，而是想通过更新的方式来分享心理学，帮助更多的人了解、重视和改善自己的心理健康。

为了实现这一目标，林怡开始深入市场调研。她发现，越来越多的人面临着各种心理压力和困惑，却很少向心理咨询师咨询，反而更倾向于在网络上发泄、寻求答案。面对这一情况，林怡决定开设一门线上心理学课程，进行线上咨询和教学。

通过市场调研，她确定了目标受众为对心理学感兴趣、希望提升心理素质和应对能力的群体，比如职场白领、学生、宝妈等。

她精心设计了课程内容，包括情绪管理、压力应对、人际交往等多个方面，旨在帮助大众了解自己的心理状态，改善不健康的心理状态，轻松应对生活中的各种问题。

她精选了一些生活中的案例，尤其是当下热门事件进行分析，将抽象的心理学原理具体化，使得课程内容更加生动易懂。同时，她还注重互动，为学员们设计了心理测试题，不但让学员们及时了解自己的心理，更提高了其参与度和学习兴趣。

因为她的课程生动有趣，且专业性强，所以具有极强的吸引力，短时间内吸引了几万粉丝，也赢得了不错的口碑。不过，她没有忽视推广，而是在社交媒体上积极宣传自己的课程，还与一些知名的在线教育平台进行合作，将自己的课程推广到更广泛的受众群体中。

通过不断的努力和创新，林怡成功地将自己的心理学知识变现，赢得了受益，也实现了知的想法。

林怡的成功，令人羡慕。从这个案例中，我们可以看到任何人的成功都不是偶然，需要有想法、有行动，更需要有策略。而林怡的成功，关键在于她按照以下五个步骤去执行了。

第一步：找到自己感兴趣的领域

想要做成事，需要专注，而想要专注，就必须对这件事感兴趣。如果你对这件事一点兴趣都没有，做它的时候，提不起一点儿精神，又如何做得下去、做得好呢？所以，你必须选择一个自己感兴趣的领域，用兴趣去激发热情、专注。

第二步：提升专业知识技能

除了感兴趣，你还得擅长这个领域。不需要你是这方面的权威、顶尖高手，但必须具有专业素养。你对健身感兴趣，平时喜欢健身，却没有专业的健身知识、健康方法，怎么能说服他人、赢得信任？

同时，在变现过程中，你需要持续学习，每天输出最新、粉丝最需求的专业知识。这样，才不会被淘汰，才能持续变现。

第三步：挖掘市场需求和用户痛点

用户需求是第一位的。行动前，你必须进行市场和客户调研，了解这一领域的市场需求和用户痛点。比如，他们最关心的问题是什么，哪些问题给他们带来困扰等。找到粉丝的需求和痛点后，就可以根据它来提供服务，给出解决方案。

第四步：积极推广，找到适合自己的渠道

变现的前提之一，是有流量，且实现流量的转化。所以，你要制作内容，更需要积极去推广，让更多人看到你、了解你、被你吸引。可以选择在一些自媒体和社交平台进行推广，也可以利用名人效应，与一些知名博主、教育机构合作。

最后一步：流量转化，完成变现

你可以通过直播变现，直接讲课并吸引粉丝打赏，也可以引导粉丝下载付费课程，或是购买相关书籍。而为了让更多的人购买你的产品，让粉丝持续购买你的产品，你必须提升内容质量，同时学会规模化运作，品牌化打造。

如果你想自己的知识变成现金，可以效仿林怡，按照以上五个步骤一步步去做。不要觉得太晚，也不要担心自己不行，只要肯学习，肯吸取经验教训，那么成功就不远了。

04 Section

那些抢占用户大脑的传播载体

优质的内容，是变现的关键。但是，只创作有价值的内容，找不到合适的渠道进行推广和传播，那么你的内容就会成为“巷子里的酒”，无人知晓，更无法变现。

所以，想要实现知识变现，就必须明白一点：要埋头创作，更要积极去宣传。利用一切可以利用的渠道，吸引更多人的关注，抢占他们的大脑。

你必须了解常用的、有价值的传播载体，并知晓其优劣势是什么，然后根据自己的需求进行选择。

具体来说，知识付费的传播载体主要包括以下几种：

一、社交媒体平台

即微信、微博、知乎、抖音等社交媒体平台。这些平台的优势很明显，用户基数大、互动性强、传播速度快，通过它们进行推广传播，可以迅速吸引大量粉丝。但是，其劣势也很明显，社交媒体上的信息繁多，可能导致你发布的内容“石沉大海”。而且，这些平台上的用户注意力分散，对于知识付费内容的关注度低，引流难度比较大。

二、在线教育平台

如知乎 Live、网易云课堂等专门为知识付费内容提供的专业性渠道。这些平台具有以下优势：用户对于知识付费关注度高，用户黏性大，且容易转换、变现。劣势是用户基数小，传播速度慢。

三、合作与联盟

与一些知名平台、机构进行合作，共同推广知识付费产品。比如，与专业性平台、网红、行业专家进行合作，借助他们的影响力来推广、宣传。优势是转化率高，劣势是传播渠道窄。

四、搜索引擎优化

即通过百度、360、搜狗等多种付费投放渠道来投放广告，加大课程的曝光和知名度。优势是看到课程的用户越来越多，基数比较大。劣势是成本高，效果不明显。

五、个人网站或 App

一些做出成绩的博主通常会自建网站或 App 来发布和销售知识付费产品。这种渠道的优势是能更好把控内容，精准地营销。劣势是需要一定的技术能力和资源，投入的资金、时间成本比较大。

那么，如何利用这些传播载体来抢占观众的大脑，并实现变现呢？

第一，选择适合自己的传播载体

张晓精通 PPT 设计，录制了一系列 PPT 课程，想要实现变现。首先，她把包括 PPT 的排版技巧、配色方案、动画效果等内容的课程发布到线上课程平台。同时，她还特地准备了一系列精美的 PPT 模板和实例，供学员参考和学习。

接下来，张晓开始思考如何将这门课程推广出去。她选择了社交媒体作为主要的传播载体，因为社交媒体具有传播速度快、覆盖范围广、互动性强等优势。

第二，利用传播载体来引流

张晓在微博、知乎、抖音等多个社交媒体平台上开设了账号，然后定期发布与 PPT 设计相关的内容和教程，并做好了引流。

第三，根据不同平台，进行不同的推广策略

在知乎，她选择发布专业性强的文章；在微博，发布短文 + 图片的教程；在抖音，则采取短视频的方式。这些内容，不但吸引了大量对 PPT 设计感兴趣的粉丝，还为课程做了很好的预热。

第四，借助知名人士来帮自己宣传

为了进一步打开知名度，她还与一些知名的 PPT 设计师和博主进行互动，互相推荐引流。这种互动和合作，提升了课程的曝光率，同时也吸引了更多更精准的粉丝群体。

就是因为张晓懂得抢占用户大脑的传播技巧，所以，人气和影响力不断飙升，创业取得了巨大的成功。

所以说，不要再说什么“酒香不怕巷子深”，要认识到传播载体的重要性，掌握有效的传播技巧，你的成功率才能大大提高，才能在竞争中脱颖而出。

05 Section

抓住核心要点，让流量暴增

知识付费博主不但要做自己领域内的专家，更要成为一名营销专家、流量专家。流量等于收益，等于财富。让自己的内容流量暴增，打造强势个人 IP，那么变现就成为轻而易举的事情了。

当然了，知识付费容不得急功近利、弄虚作假。在市场趋于理性的环境下，只有把握流量暴增的核心要点，才能攫取流量红利，而不是被流量反噬。

李华是一名对教育充满热情的创业者，他注意到市场上虽然有很多知识付费产品，但大多数都缺乏专业性和深度，无法满足现代人对高质量知识的渴求。于是，他决定搭建一个在线知识付费平台，来满足人们对于最专业、最实用的知识内容的需求。

经过考察、研究与一系列的准备，他创办了“智汇学堂”。为了确保高质量和多元化的知识输出，他邀请了各领域的顶级专家，与他们合作开发了一系列精品课程。其中包括金融投资、心理健康、烹饪艺术、编程技能等。无论哪一方面的内容，他都力求做到最好，并且致力于创新，除了视频教程、在线讲座模式，还推出了互动式模拟考试模式，提升学员的积极性和参与感。

他知道知识付费产品仅仅注重内在修炼是远远不够的，想要成功，就必须学习如何营销，如何获取更大的流量。接下来，他决定采取AISWS运营模式（attention注意、interest关注、search搜索、watch观看、share分享），即通过吸引注意力、激发兴趣、引导搜索、促成购买意愿和分享传播的方式，实现高效的营销，进行用户的转化与流量的变现。

首先，他在各大社交媒体平台上发布了一系列免费内容，如专家访谈、实用技巧分享等，吸引潜在用户的关注。在用户对这些内容产生兴趣后，开始提供更有价值的付费课程供用户选择。同时，为了强化与用户的互动，还建立了用户社区、社群和论坛，设置了用户评价和分享机制，鼓励他们分享自己的学习心得和成果。

就这样，"智汇学堂"的用户量快速增长，而且其付费用户的转化率也越来越高。如今，"智汇学堂"已经成为知识付费领域的佼佼者，获取了丰厚的流量红利。

那么，流量暴增的核心要点究竟是什么呢？接下来，我们介绍几个关键要点。

要点一：多元化的知识输出方式

除了确保内容的高质量，还需要注重其多元化、丰富性。要根据目标用户的喜好、需求，选择多样化形式来呈现内容。可以选择图文、视频、直播和图文 + 视频等方式。同时，要善于利用故事、案例来讲解知识，让内容更丰富、生动，易于理解。

要点二：注重内容的维护与更新

想要吸引用户的眼球，内容必须实时更新，与行业发展、客户喜好、信息更新保持同步。如果你的内容是过时的，观点是陈旧的，那么很难获取流量。

要点三：AISWS 运营模式

AISWS 是一种非常高效的运营模式。它通过在社交媒体发布信息、宣传内容的方式，将受众的目光吸引过来，然后让用户在互联网上对内容进行搜索，增加点击量、观看量，再促使用户进行分享，通过分享，让你的内容快速传播。

要点四：多渠道运营和多种模式运营

不要过度依赖某一平台，也不要把目光只局限于某一运营模式。虽然“广撒网”不是最好的营销办法，但是进行多样化的运营推广，根据各个渠道或运营模式的特色进行推广，让自己成为全网性 IP，更容易让流量暴增。

06 Section

吸粉策略：以用户为本

任何生意，想要赚钱，都要以用户为本。

对于新手来说，我们必须弄清楚三个问题：

一是你的用户在哪里；二是你想用什么吸引他们；三是你打算把他们带到哪里。

知识付费也不例外。越了解用户，越能撬动用户的最大价值。也就是说，你的服务对象是用户，你的一切，包括内容、运营以及采取的各种策略，都需要围绕着他们来转。无论走到哪里，都要跟着客户走！这样一来，你的内容才能吸粉，运营效果才会更佳。

随着知识付费的兴起，越来越多的人进行了自己的尝试与模仿，且取得了不错的成绩。那么，以用户为本的吸粉策略究竟有哪些呢？

我们以赵晓的案例来分析一下：

赵晓创办了知识付费平台——“知海”平台，为用户提供各领域的优质知识内容。他深知，在知识付费领域，用户是真正的核心。因此，一开始他便以用户为本，确保为用户提供最实用、最有价值的内容。

首先，深入了解用户需求，提供个性化内容

他深入地进行市场调研，了解用户的学习偏好、痛点和期望。在这个过程中，他发现用户在学习过程渴望得到更个性化的指导和支持。于是，他决定从这一方面入手。

他建立了一个强大的知识库，涵盖了各个领域的专业知识。然后，运用先进的算法技术，根据用户的学习历史、兴趣和目标，为他们推荐最合适的课程和学习路径。比如，对用户进行全面的数据收集，包括学习历史、兴趣偏好、搜索记录等，构建完整的、真实的用户画像；利用科学平台算法，对客户进行建模，更准确地预测用户兴趣和需求，然后推荐更为精准的内容。

从这一点，我们可以知道：以用户为本，必须深入了解客户的需求，通过各种方式如市场调研、用户反馈、大数据算法等来了解用户的兴趣偏好、学习历史、需求重点、能力水平等。然后根据这些因素为用户画像，根据画像提供、推送符合用户需求的个性化内容。

其次，从客户出发，提供贴心的服务

赵晓非常重视用户的反馈，不但设置了多个反馈渠道，还把这些反馈纳入推荐算法，不断调整和优化个性化推荐。这样一来，用户不但得到了自己需求的内容，还感受到了被尊重与重视，大幅地提升了满意度。

除此之外，他还随时跟踪用户的学习进度，让用户了解自己的学习情况和成果；提供了在线答疑功能，帮助用户及时解决学习过程中遇到的问题。

针对这一点，我们要强化与用户的互动，鼓励用户分享学习心得和

疑问，同时还要足够贴心，在一些细节上下功夫。比如及时跟踪用户的学习进度和成果；设置抽奖环节，给用户一定回馈，增加其积极性。

再次，分层运营，给高质量粉丝“特别待遇”

赵晓掌握了科学有效的运营方法，即不同的用户应该采取不同的运营方法。对于新用户，要加大宣传力度，吸引他们的注意力。对于不活跃的用户，只需要做好普通的维护就可以了，如定期推送个性化内容，在社群进行推广。而对于高质量的用户，要重点维护，给予特殊的“待遇”，如打造精准的粉丝群，设定严格的群管理制度，组织线下活动等。

最后，增强内容的权威性

用户都想了解、掌握最新的专业知识、行业数据以及研究成果，所以他还在这方面下功夫，通过请教或邀请专家 / 资深从业者的方式来增加内容的权威性，让“权威”来帮助自己的平台吸粉和固粉。

就是因为赵晓始终以用户为本，所以用户数量不断增长，其用户黏性也非常高。也正因为这样，他成了业内的佼佼者。

综上所述，市场瞬息万变，竞争日益激烈，想要成功突出重围，就需要我们用心，洞察用户真正的痛点，满足用户的需求。

对于知识付费领域的创业新手来说，这一点是至关重要的。

07
Section

实操手册：让知识快速变现

做知识变现，目的一般有两个，一是利用知识变现来创业或发展副业，获取额外的收入；二是把知识变现当成营销方式，通过分享知识吸引大量用户，助力自己的事业。

不管是哪一种方式，无论采取什么途径变现，你都需要掌握快速变现的操作方法。事实上，很多新手小白甚至是已经步入这一领域的人，都不知道从何处入手，不知道如何去操作，一个人盲目摸索，结果一分钱没拿到，还浪费了时间和精力。还有一些人认为知识变现很复杂，盲目地去看书、去看课程，到最后还是一头雾水。

了解操作方法之前，我们先看一个典型案例：

赵阳是一位软装设计师，在该领域工作多年，积累了丰富的专业经验和客户资源，而且服务过的客户也都对他予以好评。

一次偶然的机会，他接触到一位实现室内设计知识变现的同事，知晓其利用专业知识获取了丰厚收益。于是，他也想尝试尝试，并向这位同事取了经。当然，为了不和同事抢流量、抢用户，他选择了与他不同的方向——同事侧重于硬装，而他选择了软装。更为重要的是，他更擅长软装。

他将自己近一年的装修案例整理出来，从设计风格、户型、软装层次等方面各挑选一两个案例，然后从专业角度进行分析，最后完成文案内容的创作。然后，他创建了一个以自己名字命名的社交媒体账号，将以上内容以图文、视频教程的形式呈现。内容则包括材料选择、色彩搭配、空间规划等多个方面。

因为他的内容实用性强，案例贴合用户需求，分析深入浅出，很容易让人理解和接受，所以很快吸引了一大批用户的关注。随后，他每周固定发布 4 篇内容，并确保内容的高质量，同时加强与用户的互动，开展问答、直播等活动，解答用户提出的各种关于软装的问题。

一段时间后，赵阳的粉丝量上万，开始有一些收益。于是，他持续输出内容的同时，着手推广、产品转化等事项。他利用社交媒体进行推广，引导粉丝下载付费课程；入驻知识付费平台，进行课程销售。

他还与同事以及其他设计师进行合作，共同推出联名产品或设计项目。这些合作进一步提升了他的知名度，给他带来了收益。

他的个人 IP 也逐渐形成，影响力越来越大，收益也越来越丰厚。

根据以上案例，我们可以总结出知识变现的操作步骤：

第一步：整理知识体系

找到你能变现的知识或技能，即把你掌握的知识、兴趣、优点全部列出来，然后找出别人有可能愿意花钱去学习的。这需要你考虑以下问题：你会什么？你的兴趣是什么？你有什么优点？你会的，别人愿意学吗？

第二步：确定课程，确定个人标签

课程是知识是否能成功变现的关键。确定课程时，必须找到重点，明确目标，是针对初学者、专业技能水平低的用户，还是针对有一些专业基础、渴望深入研究的用户。同时，你要打造鲜明的个人标签，是知识普及者，还是业内精英。

第三步：设计内容矩阵

如果你每天发的内容都是目标用户感兴趣的，你的粉丝就会越来越多，变现也越来越容易。内容矩阵可以让你知道每天要发什么内容。它具体包括以下几点：打造人设内容，公众感知内容，爆款视频内容，优质视频内容，粉丝互动内容，课程介绍内容，预告课程内容，课程变现内容，粉丝裂变内容。

第四步：产品转化

产品转化，就是如何把你的知识转化为可以售卖的产品。它主要有两种方式，一是“强转化”，即通过电子书、有声书、线下课堂、在线课堂、订阅等方式来转化；二是“弱转化”，即依赖平台所提供的基本工具，比如60秒语音问答进行转化。

在这个过程中，要特别关注以下几点：一是创造一个体验环境，让用户置身其中，产生购买欲；二是进行价值包装，让用户看到就想要买；三是打造个人品牌。

第五步：成交变现

需要注意的是，要巧妙地引导和刺激用户购买课程、订阅专栏等，避免有流量没变现。

总之，不懂方法，没人指导，知识变现就成为难题。即便上手了，把知识输出了，也几乎赚不到钱。所以，想要变现，你必须掌握其中的操作方法。

08
Section

这样做，打造知识付费爆款

人人都想打造爆款。因为只有爆款才能在激烈的市场竞争中遥遥领先，创造巨大的收益。但是，随着付费内容市场的扩大，内容的同质化成为很多创作者想要逃避却总也逃避不了的一点。

李华就面临着这样的困境。

他是一名资深的人力资源管理专家，在该领域有着丰富的经验和独到的见解。知识付费市场兴起之后，他开设了一门关于人力资源管理的在线课程，内容包括招聘、培训、绩效管理等各个方面。

可是，课程上线之后，销量却远远没有达到李华的预期。原来，李华虽然管理经验丰富，但对于知识付费变现不太了解，课程质量很好，但其内容太过于普通，市场上有很多同质内容。在这种情况下，他的课程自然就卖不动了。

所以说，在知识大火的时代，想要实现变现，就必须潜心来研究，想办法打造爆款。那么，知识爆款，真的容易实现吗？这是少数“头部玩家”的红利，还是每个人都可能实现的目标？

答案是，只要你知晓知识付费爆款的基本要求，那么打造爆款，就不是不可能的。而打造知识付费爆款的基本要求可以归纳为以下几点：

起步：精准定位产品

不管你选择哪个领域哪个赛道，都必须深入了解目标用户的需求、痛点和期望，选择最有潜力的知识领域进行深耕。

同时，要深耕垂直细分领域，而不是泛泛地选择某一个大行业。比如，声音教练徐洁《如何练就好声音》和音乐教授田艺苗的《古典音乐很难吗》都是细分领域的知识创业者，付费课程播放量达到几百万，成为货真价实的爆款。

制作：精心策划，确保内容的高质量

制作内容的时候，你要精心策划，展现出多样化内容形式。即不但要提供传统的视频讲解，还要结合图文、案例分析、实战演练等多种形式，让观众更直观、系统地掌握知识。

同时，要展现自己的专业，制作课程的质量上乘，有独特的角度和见解，引入交互式学习元素，并保持内容的新鲜感和时效性。

推广：创新的营销模式

除了传统的营销模式，你还可以创新自己的营销模式，比如采取试学与付费课程结合的方式，先设计试学课程，让用户在付费前体验产品质量和价值，吸引流量，打好口碑。

也可以选择通过分享高质量的内容、组织线上讨论、邀请专家举办讲座等方式，提升社群的活跃度和用户黏性。

或可以对课程进行精心包装、设计和打磨，比如罗永浩的品控路线，从第一眼就直抓用户的眼球。

服务：优化用户体验

用户是知识付费是否成为爆款的核心。所以，你必须以服务用户为核心，不断优化用户的体验。

价格：合理的定价策略

既然要付费，用户也关心价格的高低。毕竟，购物不看价格，“只买贵的，不买对的”的人寥寥无几。所以，你要根据市场需求和竞争情况制定合理的定价策略，而不是随意定价。

定价太高，用户望而却步；太低了，用户也会失去兴趣，认为你的内容没有价值。

创作者小爱的课程有专业性的理论，也有生动有趣的实战案例。但她发现试看的用户很多，购买的用户却少之又少。尽管她在社交媒体上多加宣传，但效果仍不怎么好。后来，她才知道原来是课程定价偏高，让很多用户在购买时产生了犹豫。

扩大战果：对用户的心理进行按摩

“知识付费产品是否真的解决了我的问题，让我成为‘有知识的人’。”这是每一个用户都会考虑的问题，也是他们是否付费的关键。所以，你必须第一时间对用户进行心理按摩，满足其需求，缓解其心中的焦虑，进而为其构建某种身份标签和优越感：我买了，我增长了知识，我的 ×× 技能得到了提升！

按照以上要求去做，你一定能打造出爆款吗？或许，不能。但是只要你去做，就可以让自己的产品更出色，转化率也会有所提高。

Chapter Eight

八

AI 人工智能
——让许多人失业的恶魔，可以是你赚钱的工具

01
Section

学风口技能，小白也能迅速上手

在数字化的浪潮中，人工智能（AI）已经成为我们生活中不可或缺的一部分。它不仅改变了我们的生活方式，还为那些渴望赚钱的年轻人提供了新的机会。

可以说，AI 相关行业成为处于风口的热门行业，是人人都可以抓住的机会，也可能是最容易赚钱的赛道。我们每个人都可以从各个领域找到与 AI 结合的地方，都可以在 AI 赛道进行尝试。

大学生白桦在校期间与朋友听了一节 AI 视觉设计课，接触了 AI 领域，并对它产生了浓厚兴趣。之后，他时常跟着朋友去“蹭课”听，毕业后决心通过学习 AI 技能，进入这一风口行业。

由于未掌握专业技能，他决定先入门，再慢慢地提升技能，寻求更好的发展。白桦发现数据标注是一个重要的入门级工作，而且需求量大，上手也相对容易。于是，他决定从 AI 数据标注员开始他的 AI 职业生涯。

为了迅速掌握数据标注技能，白桦开始在互联网上搜索相关的教程和资料。他发现有很多免费的在线课程和教程可以学习，于是他开始系统地学习数据标注的基础知识和操作技能。

虽然这个过程中，他遇到了不少困难，但是他并没有放弃，而是通过反复实践，不断总结经验，逐渐掌握了数据标注的技巧。同时，他也加入了一些 AI 相关的社群，与同行交流学习，不断提升自己的技能。

经过努力学习，白桦很快就可以熟练地进行数据标注工作，并找到了一份合适的数据标注员的工作机会。由于他标注技能熟练，工作效率高，得到了领导的认可和好评，收入也不断增加。

与此同时，他积极学习 AI 视觉设计课程，掌握视觉设计的原理、流程、技巧等，还时常找朋友请教如何熟练使用 AI 设计工具，如 TensorFlow、PyTorch 等深度学习框架，以及 Adobe Photoshop 等图像处理软件。朋友为他提供了很多帮助和便利，在为客户设计作品的时候，会让他在一旁观摩，讲解如何进行技术处理，如何进行数据分析，等等。

通过不断学习和实践，白桦掌握了基本的 AI 视觉设计技能，也尝试着设计一些作品。朋友有一些简单的作品，则会交给他完成……

就这样，白桦不仅实现了自己的赚钱目标，还找到了自己的职业方向。而他的故事也告诉我们，人人都可以站在 AI 的风口，实现自己的赚钱目标。

但是，做任何事，只凭着一个想法、一次冲动，是不可能轻松成功的。作为没有技术背景的小白，想要跟上这波浪潮，需要做的事情有很多，需要注意的问题也有很多。

第一，有想法，也要有能力

想要通过 AI 技能赚钱，创造更多的可能性，需要有敢于尝试的想法，同时也需要付出努力，肯用心学习技能。虽然这是一个人人都可以抓住的机会，但如果你不用心学习技能，具备扎实的理论基础，掌握实践能力和解决问题的能力，那么一切都是空话。

第二，不盲目乐观

不管做什么事，乐观是好事，但是盲目乐观便不是好事了。进入一个新的领域，我们需要有自信、乐观的心态，但盲目乐观，很容易失去压力，不会感觉有动力，也不会事先做足够的准备；同时，容易高估自己的能力，忽视问题与风险，导致还没开始多久就失败。

第三，做好分析和调研，选择好项目

行动之前，我们要做好 AI 项目的调研和分析，了解和分析有关项目的详细信息，包括项目的前景、可行性，个人需要掌握哪些知识、技能，可能遇到哪些问题与困难，如何解决这些问题和困难。同时，要考虑自身的实际情况，看项目是否适合自己。

第四，小心掉入陷阱

巴菲特有一句名言："不要做安全边际之外的事情。"就是在告诫我们，不要妄想天上能掉馅饼。

因为 AI 的火爆，很多不怀好意的人开始利用它来编织陷阱、设置骗局。如果你心态不好，总想着一夜暴富，看到有人宣传"只要学习一个月，就可以掌握 AI×× 技能，收入过万"，就急于尝试，恐怕会"赔了夫人又折兵"。

02
Section

AI 变现——普通人也能做的赛道

随着 AI 与各领域的结合越来越紧密，无数 AI 模式和赛道涌现出来。但问题是，有的赛道，只适合企业，因为需要大量资金和资源的支持；有的赛道，虽然适合普通人，却几乎赚不到什么钱。因此，很多人认为 AI 变现很难。

那么，真是这样吗？

其实并不是。AI 变现究竟难不难，关键在于你是否找准了赛道。只要你找对了赛道，赚钱就不是什么问题。

那么，适合普通人又能让人们赚钱的 AI 变现赛道有哪些呢？接下来，我们主要介绍以下几种：

赛道一：定制服务

利用 AI 技术提供个性化的定制服务，比如定制手机壁纸、手机壳、T 恤等。你可以通过淘宝、主题商店等平台来接订单，也可以设计 App、网站来吸引客户进而获利。李军就利用手机壁纸定制服务实现了变现。

李军是学习艺术设计的，毕业后在一家设计公司从事平面设计的工作。空闲之余，他也设计一些手机壁纸，放在专门的主题商店、淘宝以及网站上出售，赚取一些零花钱。

后来，他接触了 AI 技术，发现利用 AI 技术设计出的壁纸颇具艺术感，且具有个性化。于是，他便开始尝试将 AI 技术与客户定制结合起来，为客户定制个性化的手机壁纸。他收集了大量的艺术和设计元素，以便 AI 能够学习和模仿，然后利用 AI 算法真正理解客户的需求，根据客户的需求、喜好来生成个性化的手机壁纸。

就这样，他的订单大幅提升了，收益也随之增加了。

赛道二：在线指导和技术咨询

在线指导也是一个不错的赛道。如果你熟悉某种 AI 工具或平台，如 Midjourney，可以提供线上或线下一对一的在线指导服务，或技术培训和咨询服务。因为越来越多的人想学习 AI 技术，越来越多的人想利用 AI 技术来赚钱，所以，这一赛道有非常好的发展前景。

赛道三：加入 AI 产品联盟计划

你可以加入 AI 产品的联盟计划，销售与 AI 技术相关的产品和服务，这样可以让你获得一定的佣金。只要你足够勤劳，就可以拿到不错的报酬。

赛道四：参加各种与 AI 相关的竞赛和挑战

为了宣传 AI 技术和产品，很多组织和企业会定期举办 AI 竞赛和挑战，包括自然语言处理、图像识别和预测建模等。这些竞赛和挑战，会给优胜者发放丰厚的奖金，如果你有信心，可以参加挑战。

除此之外，还有很多适合普通人的 AI 变现赛道，比如，AI 市场分析师、AI 数据标注员等，我们就不一一详细阐述了。但不管你选择哪一个，只要愿意学习和实践，并根据自己的兴趣、专长和市场需求来选择，就可以实现变现。

03 Section

那些逐步渗透我们生活的 AI 神器

你有没有幻想这样的情景：

早上 7 点，你卧室的灯会自动亮起，从温暖的暗光逐渐变为明亮的白光，温柔地把你唤醒。

随后，你起床，开始洗漱，镜子会自动亮起，显示出当天的天气、新闻摘要以及你的日程安排，可以让你一边洗漱，一边查看这些信息。

同时，咖啡已经磨好，你洗漱好了，就可以品尝一杯美味的咖啡。

当你出门的时候，只需说一句“我要出门了”，家中的电器就会自动进入休眠模式，安防系统也会启动，不用担心电器是否断电，也不用担心家中是否被盗……

其实，这一切都可以实现了。

因为，AI 控制智能家居已经非常普遍，给我们的生活带来了极大的便利和舒适。重要的是，这只是 AI 技术在生活中得以应用的“冰山一角”。可以说，AI 神器已经渗透到我们生活的方方面面，为我们的生活带来了前所未有的便利，使我们的生活发生了难以想象的变化。

接下来，我们就来看看除了智能家居系统，还有哪些典型 AI 神器吧！

无人机

无人机可以用于航拍、货物运输等领域。人们可以利用智能手机或其他终端设备预约和控制无人机，用来配送物品，这要比之前快速、准确得多。

VR 和 AR 技术

VR（虚拟现实）技术可以营造一个虚拟空间，让人们身临其境。比如，虚拟游戏，增加游戏体验；虚拟旅游，足不出户领略祖国大好河山，还可以高质量还原景区风景，让人们在空间内随意走动欣赏风景，360 度全方位观看，有身临其境的感觉。

而 AR（增强现实）技术，则是将虚拟信息叠加到现实世界中，比如一款脑电波与 AR 相结合的头带，可以让人通过脑电波来控制窗帘以及灯光。

自动驾驶汽车

自动驾驶功能可以让人们的出行更有安全性和舒适性，还节省了人们的时间和精力。比如，为了避免长时间疲劳驾驶，你可以选择自动驾驶功能，让自己休息一会儿。同时，它还能自主导航、遵守交通规则，减少了交通事故的发生。

除此之外，还有很多 AI 神器，比如 AI 助理、AI 翻译器等等。更为重要的是，一些工作中使用的 AI 神器也打破了职场格局，只要你善于利用，不但可以大大地提高工作效率，还可以飞速进步。

04
Section

掌握AI，助你升职加薪

讨论这个问题之前，我们先了解赵明的升职经历：

赵明是一家企业的生产经理，负责生产线的调度和优化工作。为了提高生产效率，赵明尝试过多种方法，但效果都不尽如人意。

就在他愁眉不展的时候，有人提醒他可以利用AI技术，将它应用到生产线优化上。赵明认为这一方法可行，于是找到一家IT公司，设计了一套先进的AI生产调度系统。这套系统可以进行生产数据的收集和分析，然后智能地预测生产需求，并优化生产线的调度安排。

果然，该企业的生产效率得到了显著提升，而且产品质量也得到了大幅提升，市场占有率较之原来提升了3%。这一变化让领导非常满意，对赵明给予高度评价，同时将他提拔为生产总监，负责整个企业的生产运营工作。

以上案例，AI解决了业务流程优化方面的难题，AI通过实时监控数据，预测需求变化，优化了生产线、生产流程，进而提高了生产效率。

由此可以看出，AI具有强大的解决问题能力。只要你善于利用AI，就可以轻松解决许多难题。而且，对于职场人来说，AI能够解决的难题是非常广泛的。

比如，提升工作效率与准确性，利用自动化关键词研究和SEO优化，来优化日常工作流程。

创新设计应用场景，即利用AI工具自动生成高质量的UI组件、人物图像等，提高设计效率。

在金融领域，利用AI进行数据分析与预测，在变化莫测的市场，帮助投资者进行风险管理、决策。

在医疗健康领域，AI技术还可以帮助医生进行临床诊断，诊断出疑难病症，提高诊断的精准性。某医院神经科医生王教授就曾遇到一个棘手的病例。

该病患年近15岁，突然出现了复杂的神经系统症状，包括不自主的肢体抽动、语言障碍以及间歇性的认知模糊。虽然王教授经验丰富、见识过很多病症，但未能诊断出该病患的病因。

与其他专家进行会诊，仍未找到病因之后，王教授想到了医院新引进的AI辅助诊断系统。于是，他将病患的医疗记录、影像资料、实验室测试结果等数据输入系统，经过分析，AI系统发现这一病症与某些罕见神经系统疾病相似，并给出了几种可能的罕见病症名称。几位专家经过深入会诊、研究，最终对该病患进行了确诊。

确诊后，王教授和团队开始为病患制定个性化的治疗方案，不但治愈了病患，还在治愈这一罕见的神经系统疾病以及神经医学研究上有了很大突破。

那么，是不是只要我们遇到了难题，就依赖AI技术来解决呢？当然不是。虽然AI有很多优势，也需要注意合理使用，不能一味地依赖它，甚至用它来代替自己的大脑。

对AI技术产生盲目崇拜，过分依赖它解决一切问题，会让我们失去自主思考和判断。更何况，在一些领域 AI 技术还不成熟，一旦过于依赖，就可能给自己带来巨大的风险。

因此，合理利用这一技能，发挥其优势，又不过度依赖，才能让它给予自己最大的助力。

05 Section

辅导孩子？别急！AI 也能做家教

现在大部分家长面临着辅导孩子学习的难题：

一些家长工作繁忙，有能力，但没有时间；一些家长有能力，也有时间，但是辅导孩子学习太费神了，几乎每天都上演“平时有说有笑、母慈子孝，辅导作业时鸡飞狗跳”的戏码；还有一些家长有时间，但没能力，对于孩子的功课一窍不通，尤其是中学生，想辅导也辅导不了。

不管是哪一种情况，家长们都希望有人帮助自己“解脱”，解决辅导孩子写作业的问题——既能让自己“闲”下来，又能提高孩子的学习效率和学习成绩。

其实，家长们根本不用发愁，借助 AI 就可以轻松解决这个问题。

李姐家有一名初二学生，之前学习成绩还不错，可最近成绩下降严重，期中考试排名下降了十几名。李姐很是发愁，准备好好抓孩子的学习，争取帮他把成绩搞上去。

可等她着手去做之后，才发现自己搞不懂孩子的题，尤其是物理、数学这些理科的问题。于是，她想找一个家教，但发现一个好的家教价格太高了，且由于地理位置和孩子时间的问题，找到合适的家教并不容易。

后来，她了解到很多学生家长都利用 AI 教育平台来辅导孩子，于是自己也决定尝试尝试。她选择了一个知名的 AI 教育平台，该平台根据孩子的学习能力、掌握程度和兴趣爱好，为他量身打造了一套提升课程；持续跟踪孩子的学习进度，并根据他的掌握情况调整学习计划。孩子在某一个知识点上表现不佳，系统会为他提供更多相关练习和讲解。

平时孩子遇到难题，可以向 AI 系统提问，而系统会提供详细的解题步骤和思路，帮助其理解并掌握解题方法。

同时，平台还设置了家长端口，李姐可以实时监控孩子的学习情况和进度，并根据系统的建议参与到孩子的学习中，给予他支持和鼓励。

一段时间后，在 AI 家教的辅导下，孩子的成绩果然有所提高，而且还找到了适合自己的高效学习方法。

所以说，用好 AI 家教，辅导孩子学习，让孩子拿到好成绩，是很轻松的事情。当然，要用好 AI 家教，需要注意以下问题：

问题一：如何选择合适的产品或平台？

目前市场上有许多 AI 教育产品和平台，包括 AI 家教机、AI 在线教育平台、AI 机器人等。它们各有功能和特点，也适合不同年龄段的孩子。所以，家长要根据孩子的年龄、学科需求和学习能力来挑选合适产品或平台，不要盲目地选择。

问题二：如何保持与孩子的互动？

虽然 AI 家教能够提供专业化、个性化的辅导，但是家长不能完全放手不管，把所有事情都交给 AI。这是错误的，也是不负责的。家长要参与进来，定期与孩子沟通学习进展，定期检查孩子的学习状态和成果，以便于 AI 发挥更好的作用。

问题三：如何平衡线上与线下学习？

与上网、玩手机一样，家长要教会孩子平衡线上与线下学习的时间，不能让孩子完全依赖 AI 家教。

可以说，AI 家教已经逐渐成为一种趋势，家长们应该改变观念，做出新的尝试。当然，作为创业者也要看到其中的机会，利用 AI 家教来赚钱。对于普通人来说，可以利用 AI 技术，制作和销售自己的教学课件、习题集、在线课程等教育资源；也可以与 AI 教育平台合作，进行课程内容的创作和审核。

06 Section

AI 与短视频 / 直播的“强强联合”

AI 与短视频 / 直播，是如今发展势头最猛的两个领域。那么，两者结合起来，就是“强强联合”了。

AI+ 短视频

就拿 AI+ 短视频来说吧。你可以让 AI 工具来帮助自己完成短视频制作的各个环节，比如它可以根据你编写的文案，完成剪辑、配音、字幕制作、视频制作等流程，不但可以让你快速完成短视频的制作，还可以提高短视频的质量。

事实上，在编写文案的过程中，AI 也可以

助你一臂之力，帮你搜索最合适的案例，修改文案中可能存在的病句和不恰当措辞，甚至可以给你提供一些具体的思路和建议。

你可以让 AI 帮你配音，比如“魔音工坊”工具，可以把文字转换成专业的配音，而且能够让配音就像真人配音一样，流畅自然，情感丰富。这一工具还有各种不同风格的声音可供选择，不论你做什么领域的视频都能找到适合的声音。

更为惊奇的是，你可以把做视频的整个流程——画面、配音全都

交给 AI。比如，万彩微影，就是一款 AI 智能动画短视频制作软件合集，只要你导入素材，它就可以快速为你合成一个短视频。

对于，短视频制作的小白来说，这些 AI 工具是非常实用的。如果能巧妙地利用它们，你就可以提高短视频制作的效率和品质，做副业、创作，获得收入。

AI+ 直播

与此同时，随着 AI 技术的影响越来越广泛，AI+ 直播也越来越受人关注，还出现了 AI 数字人直播的情况。

比如，2021 年，某彩妆品牌就推出了虚拟代言人，在直播间进行直播。代言人除了介绍产品外，还会不定时地与消费者进行简单的互动。

2022 年，某平台美妆虚拟主播“小美”现身一些品牌的直播间，进行美妆带货直播。

与真人主播相比，数字人可以实现 24 小时全程直播，而且可以根据产品匹配合适风格的数字人。同时，数字人的可控性强、形象稳定。

那么，普通人可以靠 AI 数字人直播来赚钱吗？

当然可以。

服装主播琪琪经营着一家实体店，平时也在抖音、快手等平台直播来卖货。但是，线上线下一块儿发展，的确耗费精力，让她有些吃不消。于是，她便利用数字人来直播，用 AI 工具模拟自己的形象，介绍产品、回答粉丝的问题。而这一方式不但让她“解放”了自己，节省了自己时间成本，还吸引了一些新粉丝，且业绩也不错。

所以说，普通人利用数字人来直播，是完全没问题的。如果你想要尝试，大可放心去尝试。当然，你需要注意以下几个问题：

第一，创建数字人与训练数字人

需要使用专门的软件或在线平台创建数字人，并对其进行训练，包括让数字人学习说话、走路、做手势等基本动作，以及如何与粉丝进行互动。

第二，选择平台

要选择合适的平台，比如电商平台、社交平台、直播平台等，并按照平台规定设置直播参数。同时，要优化内容，遵守平台规则，不能出现直播违规的情况。

第三，认识到数字人直播的不足

由于技术不成熟，数字人直播还有很多不足的地方，比如动作僵硬、表情不自然，与粉丝互动缺少感情，等等。所以，你要不断学习和提升数字人的表现能力，吸引和留住粉丝。

总之，数字人直播可能成为下一个风口。如果你能敏锐地抓住机遇，就可以利用这一技术脱颖而出。

07 Section

认识一下，这就是 ChatGPT

ChatGPT 是什么？

它是一个非常强大的 AI 工具，广泛适用于多个领域，也可以帮助我们普通人来实现变现。画手梁思思就靠它极大地提高了自己的收入水平。

以前，梁思思画一幅插图，需要做好设计创意、图画脚本、线稿创作、上色渲染等一系列工作，一般情况下，一天时间最多画一幅高质量的插图。

但是，在用上 gtp 的绘图插件之后，他只需要做好类似创意设计、线稿创作等富有创造性的工作就可以了，那些重复性的、程式化的绘图工作，可以交给 AI 去完成，不仅速度快，效果也不错。如此一来，梁思思的产量由一天一幅增至一天两幅甚至更多，所能获得的收益自然也是水涨船高。

或许你对 ChatGPT 还不太了解，接下来，我们就可以一起来了解它的原理、实践和应用场景。

关于 ChatGPT 的原理

简单来说，它的原理就是通过收集、预处理数据，构建一个深度学习模型，然后生成用户所需的文本，同时对生成的文本进行语法、语义、情感等方面的控制。

其中，文本数据包括网页、新闻、书籍以及网络上的热点话题和流行文化等。在文本的生产过程中，它能理解、学习人类的语言，确保文本符合人类语言习惯。

关于 ChatGPT 的实践

它可以归纳为三个方面：智能客服、个性化推荐和智能诊断。

关于 ChatGPT 的应用

ChatGPT 的功能是强大的，所以，它已经在各个领域得到应用。

在金融领域，可以用于提供客户服务，包括与客户进行对话，回答他们的问题，为他们提供建议，并帮助解决问题。它还可以作为一种新闻推送工具，向客户发送即时市场动态，并分析各种来源的新闻和数据以预测市场走势，自动及时地发送给客户。

在零售行业，它可以作为一个客服机器人，与客户进行对话，解答疑问、给予相关建议；可以帮助企业在社交媒体、聊天软件等平台上进行营销推广，比如自动介绍产品的卖点，引导客户去购买。

除此之外，它还可以应用于语言生成、机器翻译、智能客流管理等等场景。

08 Section

零售业的AI转型之路

AI时代的零售业，面临着新的挑战，也迎来了新的机会。如果你是零售业创业者，抓住了这个机会，就可以华丽地转型，在竞争中保持领先地位。

但是，如果你没有抓住这个机会，甚至还不愿意做出改变，那么很可能陷入重重困境，最终被淘汰出局。

那么，AI技术如何改变了零售业，创业者又怎样利用它破局呢？不妨看看创业者顾海的故事。

顾海经营着一家中型购物卖场，凭借着丰富的产品、周到的服务和较高的性价比，受到了顾客的欢迎。但近年来，随着电商的崛起和消费者购物习惯的改变，卖场的客流量、销售额、利润额都在持续下降，顾海深知，为了应对市场的快速变化，卖场必须进行转型。于是，他决定引入AI技术，以此为契机，实现卖场的转型。

首先，他引入一套先进的AI分析系统，深度挖掘顾客的购物数据，为每位顾客生成个性化的购物推荐。在购物的时候，客户可以通过手机App或电子屏幕接收到推荐，选择最感兴趣、最适合自己的产品。而这大大地提高了客户购物的便捷性和满意度。

接着，他引入了 AR 和 VR 技术，让顾客可以实现智能购物。比如，利用 AR 技术制作的镜子，可以让客户测试自己肌肤的状态，并通过商品推荐，即刻找到合适自己的美肤产品；也可以通过虚拟上妆功能预览妆效，选择最适合自己的产品。

再比如，客户还可以通过这些技术，在虚拟环境中预览家居布置，演示家具摆放的效果，享受沉浸式的购物体验。

他还对卖场的库存管理进行了 AI 升级。通过智能算法，系统能够准确预测各类商品的销售趋势，然后调整库存量。这样，不仅减少了积压货物、货物调配不及时的情况，还降低了库存成本。

因为利用 AI 技术，卖场实现了转型。所以，卖场吸引了很多新客户，也留住了老客户，销售额得到了增长。而顾海并没有满足，他仍积极学习和研究，希望能利用 AI 技术给卖场带来更大的转变，在竞争中脱颖而出。

可以说，当 AI 成为新的风口，利用 AI 来进行零售业的转型，是不可回避的。当然，进行转型之前，我们需要了解 AI 时代，零售业将迎来哪些新机会，以及我们可以从哪些方面来着手转型。

一、无人零售的应用

其实无人零售，是智慧零售的一种形式。

无人零售，包括无人商店、无人超市，顾客通过刷脸进入店铺，选购自己所需商品，然后再刷脸结账。

无人商品还可以通过传感器、摄像头和其他智能设备收集并分析消费者的行为数据，记录购买偏好、购买时间和购买频率等，精确地了解消费者的需求，调整商品的种类和库存，然后向后台申请补货。

年轻人小武在商业街开了两家无人超市，通过 AI 系统来卖货、运营，比之前开传统超市大大节省了时间和精力。更为重要的是，因为给客户带来了更高效、便利的购物体验，收益翻了几番。

二、个性化购物体验的提升

创业者可以利用AI技术深度分析消费者的购买行为和喜好，为消费者提供个性化的购物体验。比如，通过智能推荐系统，根据消费者的历史购物数据和浏览行为，为其推荐可能感兴趣的商品。

三、运营效率的优化

可以利用AI技术提升运营效率，比如通过智能库存管理，实时追踪库存情况。通过智能物流系统，提高配送效率。

四、提升安全保障

人脸识别技术可以识别客户身份，提高支付的安全性，还可以对盗窃和欺诈行为进行分析与预测，减少店铺的损失。

五、新技术的应用

AR和VR与AI技术的结合，可以为消费者提供沉浸式的购物体验，提高他们的购物乐趣，刺激其购物欲望，更提升他们的满意度，进而愿意从线上回到线下。

就是因为以上因素，零售业迎来了新的发展，市场份额不断增长，也给创业者带来了更多的收益。

Chapter Nine

九

实体店转型

——必须“换个活法”

01
Section

未来 3 年，60% 的传统快消品实体店不转型就会倒闭

有人预言，未来 3 年如果不转型，60% 的传统快消品实体店就会倒闭。

为什么这样说呢？

原因有以下几点：

一是人们消费方式改变了，越来越多的消费者倾向于在线购物，电商的低价和效率严重冲击了线下实体店；

二是消费者购物场景正在从线下向线上多个场景转移，直播带货等新模式吸引了大量消费者；

三是目前市场上面临着产品过剩和同质化竞争的问题，市场供大于求，竞争变得异常激烈；

四是传统的商业模式的红利已经逐步消失，转型势在必行，如果你不转型，就只能被淘汰。

既然不转型，就会倒闭，那么如何去转型呢？

谈论这个问题前，我们先了解两个实体店转型的案例。

第一个是华润万家。它通过建立自己的电商平台，实现了线上线下商品的同步销售。通过平台，消费者不但可以轻松地购物，还可以选择

线下门店自提或快递配送，享受了购物的多样性和便利性。

第二个是沃尔玛。它推出了购物 App，并通过 App 实现了商品的线上线下一体化销售。沃尔玛还尝试了自动化的无人货架，消费者可以手机扫码购物。

沃尔玛还推出了智能购物车，顾客扫码或者使用手机号码登录，就可以直接结账，不用到收银台排队结账。同时，第二次登录使用时，智能购物车还会向顾客推送他需要的商品的优惠券，满足顾客需求的同时，还可以让他享受更多优惠。

以上两个案例，是实体店在建立线上销售平台、引入智能化技能所做的尝试，不但有效地提高了销售业绩，也把更多顾客吸引到线下店铺中来。

当然，实体店转型是一个复杂的过程，作为创业者你需要综合考虑市场环境、消费者需求、技术趋势等因素。具体来说，需要注意以下几点：

第一，创新营销模式

除了通过网络平台、电视媒体、纸媒等传统方式进行营销，还需要利用社交媒体进行营销。比如，通过微博、微信、抖音等社交媒体平台发布有价值、有趣的内容，积极与消费者互动，提高知名度和美誉度。

第二，提升实体店的购物体验

消费者喜欢享受购物的乐趣，那么我们就为他们营造一个舒适、独特的购物环境。比如，打造生活体验式购物空间，满足顾客购物的需求及对休闲方式的追求，可以建设别致的休闲消费场所，提升店铺设计的艺术性；还可以设置试衣间、休息区、儿童游乐区，以及举办各种活动，如抽奖、赠送礼品等，增强顾客的参与感和互动性。

第三，引入智能化技术

为了顺应AI的发展，引入智能化的硬件设备和软件系统，比如智能导购、智能货架等，提高运营效率。使用AR、VR等技术为消费者提供更加沉浸式的购物体验。

第四，建立会员体系

可以建立完善的会员体系，给予会员优待，包括更多的优惠政策和专属服务，以吸引更多的顾客，增加老客户的黏性。

第五，联名和跨界合作

可以选择与其他产品、品牌进行联名或者与其他行业进行跨界合作，共同打造更具竞争力的产品和服务。

联名和跨界合作是非常流行的，普通的小实体店也可以借鉴大品牌、大企业的策略，寻求新的突破。比如，你是一家书店的店主，可以与本地作家联名，推出限量版书签、书籍，或者举办签售会、讲座，吸引读者前来。书与咖啡是绝配，你也可以与咖啡店进行跨界合作，彼此借力，彼此成就。

02
Section

解析新零售业态，借力“互联网 +”实现突围

什么是新零售业态?

它是以“互联网 +”为依托形成的一种创新的零售模式。当然，这里的“互联网 +”并不是两者相加那么简单，而是利用先进的技术和互联网平台，让零售与互联网深度地融合在一起。

所以，与传统零售相比，新零售是对整个行业的颠覆。它以消费者体验为中心，运用了大数据、人工智能等技术手段，实现了线上线下的深度融合，同时对商品的生产、流通与销售都进行了重塑、升级。

新零售主要有以下几个特点：线上线下深度融合；销售实现全渠道；数字化与智能化的运营模式；强化消费者中心地位，注重与消费者的强联系。

可以说，新零售的发展离不开先进的互联网技术。那么，创业者要如何借力“互联网 +”来实现突围呢?

策略一：让商品信息更加透明化

创业者可以利用互联网技术让商品信息更加透明化，比如推送商品的详细信息、同类商品信息、用户的评价等，让消费者可以进行对比、

挑选，进而做出更明智的选择。

卖场、超市可以引进智能购物车 / 智能货架，用户登录会员或手机扫码就可以获取商品详细信息，获取同类商品的价格对比，更便利、透明地进行购物。

策略二：从线下到线上，再从线上到线下

“互联网 +”是大方向，实体店想要实现转型，就必须通过公域平台进行宣传营销，获取流量，提升销售额。

但是，随着网购的红利趋近饱和，增长速度也下降了，实体店也要寻求新的突破，将线上的流量引到线下来，实现线上线下的深度融合。

针对这一点，宜家形成了具有自身特色的线上线下融合方法。

在“互联网 +”的推动下，宜家开始加快线上转型的步伐，宜家中国推出了网上商城、App 服务，让消费者可以更加便利地购物。

但是，宜家与其他品牌电商有明显的不同，那就是他们在竭力将线上流量转变为线下的“到店顾客”，为此，他们推出了“线上购物，线下提货”的电商销售模式。

这样，不仅保持了线下门店的客流量，还有利于客户的转化和销量的提升。因为宜家是非常注重购物体验的，在实体店，他们为消费者营造了舒适、智能的购物环境——不但跨界经营，设置餐厅、咖啡厅、书店等场所，还利用“互联网 +”思维，引入 VR 和 AR 技术，模拟真实场景体验。

就是因为做到了从线下到线上，又从线上回到线下，宜家实现了突破，成为成功转型的一个典型。

策略三：借助“互联网 +”，把控好整个供应链

新零售做得好，核心一定是商品和服务。

而想要做到这两点，并不是单纯搞好商品的质量、价格以及提供好的服务就可以了。它需要实体店考虑采购、物流以及整个供应链的问题。

利用互联网平台，可以扩大供应商的选择范围，使其不受地域限制，降低商品价格，并保障商品质量。重要的是，还可以利用云计算和大数据技术，寻找到最合适的供应商，实现采购流程的自动化。

同时，可以利用数字化、网络化、智能化等技术手段，优化物流过程，提升物流服务的效率和质量。

某卖场就引入了智能仓储技术，对货物进行智能化管理——自动记录货物的进出和存储状态，提高存取货速度，降低成本。卖场还利用大数据和 AI 技术，进行智能配送，不但可以精确地预测配送路线和配送时间，还可以确保配送的准确无误，大幅地提升了消费者的满意度。

一些大型商场、社区还采取了无接触配送机器人来进行配送。机器人在商场内部进行自主导航，将消费者购买的商品从货架取出，再配送到消费者手中。

所以说，新零售时代，只要你利用好“互联网 +”，从商品、服务、物流等方面出发，结合自身情况进行，就可以成功突围。

03 Section

新零售时代，实体店当何去何从

新零售时代的到来，为实体店带来了新的挑战，同时也为其带来了更多的可能性。

当然，赢得更多可能性的前提是，创业者们要积极顺应时代，寻找适合新零售趋势、适合自己实际情况的运营策略。方法对了，事半功倍，就抓住了新契机；相反，不得其法，就会事倍功半，还可能被淘汰出局。

就拿三只松鼠来说，它的实体店（投食店）就采取了独特的运营策略。我们来看一下吧！

实体店为消费者提供了一个亲身体验和购买产品的场所，目的就是增强消费者体验。所以，在店铺设计上，它以提供丰富产品和独特的购物环境为核心。店铺融入了三只松鼠的品牌元素，里面陈列着各类坚果、零食等产品，可以让消费者在店内快乐地购物。

而在运营上，它采取了线上线下融合的方式，即投食店和线上商城共享同一套会员账户体系，消费者不管在哪个渠道注册会员，消费记录、积分等都可以在两个渠道无缝衔接。而且，其促销活动也是同时举办的，消费者在线上商场下单后，在实体店也可以享受打折、满减、赠品等优惠。反之，也可以。这为消费者提供了巨大便利，也促进了实体店流量的提升。

同时，它采取了数字化供应链管理，实体店和线上商城共享库存与订单。就是说，实体店商品内存不足的时候，可以直接从线上商城调货。同样，线上商城的订单也可以根据就近原则，从实体店进行配送或自提取货。

可以说，三只松鼠实体店的运营策略是很成功的，不但为消费者提供了更加便捷、高效的购物体验，还提升了品牌影响力，实现了销售的大幅度增长。

虽然说千店千面，但是成功的案例也具有借鉴性。所以，如果你想要在新零售时代站稳脚跟，可以借鉴以上方法。为了方便大家借鉴，我们可以对以上方法进行简单的总结：

1. 会员账号系统贡献；

2. 线上线下促销融合；

3. 提供 O2O 服务模式；

4. 数字化管理，库存共享和订单同步。

除了以上总结的方法，还有一些策略与方法大家也需要充分地了解。

第一，打造沉浸式体验

即在店铺内营造独特的购物环境，比如设置主题展区、互动体验区等，让消费者在购物的同时享受更多乐趣。

同时，还需要提升店铺的趣味性和创意性，比如融合网络上的热点，设立网红打卡点、推出热门单品等。

第二，场景化陈列

根据不同消费者的不同需求和场景，将商品进行组合和陈列，激发消费者的购买欲。也可以把店铺划分为几个区域，每个区域构建一个场景，打造多样化的购物环境。

第三，KOL与网红合作

可以尝试与相关领域的专家、名人或网红进行合作，借助他们的影响力来吸引更多潜在消费者。

第四，推进自营

为了走出同质化，实现差异化，可以大胆尝试，推出具有特色的自营产品。自营产品可以强化品牌、个人IP，让你更具有竞争力。不过，需要注意的是，一定要把握好产品品质。

新零售时代实体店的运营方式多种多样，关键在于你是否结合了自身实际情况和消费者的需求，选择合适且有效的方式。运营策略再好，如果不适合你，也起不到任何作用。

因此，作为创业者你可以借鉴，但是也要创新，两者相结合，才能实现成功转型，走得更远。

04 Section

门店巧变直播间，降维打击就这么简单

对于实体店来说，客源少了，销售上不去，勉强维持、惨淡经营总不是办法。如果不想放弃，你需要找到一个新方法，来打破这种僵局。

除了改变运营策略，借助互联网、AI 技术来寻求突破，把门店改成直播间，也是不错的选择。

事实上，很多服装店、美妆店的经营者都进行了尝试，店主变主播，开启直播，获得了很大成功。

服装店主玲姐经营着一家私服店，多年来，积累了不少忠实的顾客。然而，在网络购物、直播带货的冲击下，顾客越来越少，店铺经营也越来越难。

面对这一挑战，玲姐开始寻求改变，决定从线下转为线上，把店铺改为直播间。说干就干，玲姐着手改造店铺，将原本的展示区变成了一个专业的直播间，同时添置了高质量的摄像设备和照明系统。

因为不懂直播带货，玲姐聘请了一位口才好、有经验的主播，自己也积极学习直播知识、技巧，包括如何把控节奏，如何与粉丝互动，如何展示产品。因为有着多年销售经验，玲姐很快就上手了，成为一名合格的服装主播。

尽管如此，她还是遇到不少困难，比如如何吸引观众观看，如何提升直播间流量，如何对粉丝进行转化，等等。不过，玲姐肯用心，也善于学习，没多久就让直播间热闹起来，吸引了越来越多的观众。

如今，玲姐的服装店已经成功转型为线上直播间，每天都有几千甚至上万网友观看购物。随着销售量不断上升，她不再从经销商那里拿货，而是与厂家达成合作关系。遇到爆款产品，还会向厂家定制，这样不但节省了成本，还保证了品质。

玲姐的成功告诉我们，门店改为直播间是实体店转型的好办法。只要你肯尝试、肯用心，也可以成功。但是，这并不是说，这件事是一件非常简单的事。它存在着不少难题，也需要注意很多方面的问题。

那么，门店变直播间的难题有什么？在转型的过程中，我们需要注意哪几个关键问题呢？

难题一：店主如何成为一名优秀主播？

优秀的销售，不一定能成为优秀的主播。线下与线上的销售，存在很多差别。除了要有好的口才，主播还需要能带动直播间的气氛和节奏、能更好地与观众互动，更恰当地展示产品，又不违反平台规则……所以，你必须在以上这些方面下功夫，修炼一名优秀主播所具备的内功，而不是随随便便就直播。

难题二：如何进行直播间的布置？

不要以为直接架上一台手机、安上一个话筒，就可以直播带货。直播间的布置是至关重要的，背景要宽敞、干净、美观，要与你的产品/品牌定位相符，同时，要设置好商品展示区，方便主播向观众展示产品。

如果直播间乱七八糟，背景杂乱、土气，产品只是随便摆放，影响观众观感，那么还能激发其购买欲吗？

难题三：如何保证直播内容与质量？

作为一名新主播，要注意直播间介绍商品的时候，尤其是宣传产品功能和效果的时候，必须与实际相符合，不能夸大其词，更不能虚假宣传。

同时，在直播的时候，主播要严格保护顾客的个人信息，如手机号、地址等，防止隐私泄露；要尊重他人的知识产权，如商标、专利和著作权，不使用未经授权的内容。

难题四：如何做好门店的引流？

既然门店已经改为直播间，那么你需要把门店顾客转换为线上粉丝，可以通过朋友圈、社群、公众号、短视频来进行引流。这样一来，直播的时候，你就可以积累一定的忠实粉丝，有利于对于新粉丝的转化。

05 Section

实体店“逆袭”：抓住“人、货、场”三要素

无论你处于哪一个行业，想要做好实体店，就必须知道“人、货、场”。

人，就是消费者；货，就是商品；场，就是卖场、门店、实体终端。而零售的本质，就是研究“人、货、场”以及“人、货、场”的组合效率。

要知道，不同的市场时期，“人、货、场”的关系是不同的。在物资短缺时代，“货”是第一位的。因为供不应求，所以任何产品都非常抢手，你不需要考虑“人”和“场”的问题。在传统零售时代，商品日益丰富、多种多样，竞争越来越激烈，人们的需求也越来越高，所以，“人”和“场”变得重要起来。你得考虑消费者的需求，迎合他们的喜好，同时要占据商场、街道的有利地位，才能占据优势。

而在实体店寻求转型时期，从传统零售到新零售转变这个过程中，创业者不能像之前那样以“货”为中心，而要转变思维，学习以“人”为中心——思考如何能更好地满足消费者的需求。

盒马鲜生是新零售业态的一个典型，作为一个线下超市，它就重构了“人、货、场”三者的关系。

在“人”的方面，它通过线上线下融合，提供了一种全新的购物体

验。消费者可以通过手机 App 下单购买商品，选择送货上门或到店自提。同时，它以消费者为中心，利用大数据分析消费者的购物行为，贴心为其提供个性化的服务。

在“货”的方面，它生鲜商品为主，通过直采模式，保证商品新鲜度和品质，满足消费者的个性化需求。

在“场”的方面，它的实体店将超市和餐饮融合在一起，消费者购物之后，可以在餐饮区享用美食。同时，它还实时追踪货物的配送情况，确保商品准时送达消费者手中。

与传统零售业相比，这种新零售的实体店更注重消费者的购物体验，充分利用线上线下结合的模式以及智能技术为消费者构建一个更便利、舒适、智能的购物场景。

也就是说，实体店要想实现逆袭，把消费者拉回实体店，就必须做到以消费者为中心，重构“货”和“场”，为消费者提供全方位的服务体验，满足个性化需求。具体来说，需要做到以下几点：

第一，牢记消费者体验至上的原则

你必须把消费者的需求和体验放在第一位，这就需要密切关注和分析消费者的购买习惯、行为习惯和个人特征。

除了要充分利用 AI 技术，还需要转变观念，不要只把消费者当购买者，而是要把他们当合作者、参与者。

第二，更注重服务和体验

如今，“货”的概念发生了很大转变。它不再是单纯的商品，而是一个全方位的体验式消费过程。就是说，消费者购买的不单单是商品本身，还注重商品背后被赋予的意义与内容，如社交符号、自我实现等。

所以，我们不但要为消费者提供优质商品，还要提供高质量、独具特色的服务和体验，为消费者赋予某种身份。

第三，线上线下融合，提供无边界的购物体验

除了打造具有特色的门店之外，还要明白一个道理："场"已经不再是单一的门店、线下零售终端，而是向线上线下融合的无边界的购物场景。

你的门店，是你的"场"；你的 App ，是你的"场"；你的社交媒体的客户群，也是你的"场"。因为线上线下融合的融合，消费场景无处不在。所以，你要学会建立以实体门店、电子商务、移动互联网为核心的消费场景。

06
Section

轻松引爆客流量，让门店现金流增长 50%

你是不是时常有这样的困惑：

为什么商品已经足够丰富，价格上已经足够优惠，客流量还是上不来？

为什么对门那个店，客流量越来越多，我的店客流量却越来越少？

为什么花钱做活动，客户占了便宜之后，却再也不来了？

…………

你之所以没有客流量，是因为你没有抓住客户的心理，进而实施有效的获客策略。只要抓住了客户心理，那么引爆客流量就是非常容易的事情。

心理一：占便宜心理

占便宜心理，人人都有。消费者更是如此，这也就解释了为什么一听到超市打折、商场甩卖、专卖店清仓的消息，人们就会蜂拥而至、出手抢购。

因此，你可以利用人们的占便宜心理，靠“爆品”策略来引流。

经营烤鸡店的小赵就采取了“爆品”战略，他推出了 1 元一只的烤鸡腿，仅限一人买一只。很快，“爆品”烤鸡腿火了起来，大量顾客前来购买。当然，只购买一只“爆品”的顾客是少数，大部分人都会多买几只鸡腿，或者买烤鸡、烤翅。为了持续引流，他每周都会推出爆品，这样一来，小赵的生意迅速火爆起来。

其实，很多超市、饮品店、餐饮品牌也一直采用爆品策略，这不就说明了这个策略的有效性吗？

心理二：从众的心理

开饮品店的琪琪，时常在某些特定时段推出一些促销活动或限量产品，比如晚7点推出限量特价柠檬水，吸引大量消费者前来购买，并要求他们排队取餐。因为她深知人们都有从众心理，看到门店前面排着长长的队伍时，就会认为这个品牌一定很受欢迎，然后跟风排队。

跟风得越多，客流量也就越大。那么，如何有效地利用从众心理呢？

方法一：营造一种“很多人来买”的气势。

可以在各社交平台、广告、宣传材料或网站上展示大量人使用或购买你的产品的场景，营造出很多人已经购买、使用并评价了你的产品的情景。

方法二：借助网红、大IP的力量。

让网红、有大量粉丝的社交媒体用户来推荐你的产品，这样一来，他们的粉丝就会受到从众心理的影响，跟随他们的推荐来购买。

方法三：故意打造排队的效果。

除了利用促销、试吃/试用来打造排队的效果，还可以在点餐、取餐方式上做些改变。

比如某茶饮品牌的一些门店，要求顾客在一边付款取得餐码，然后再到另一边排队取餐。这种分开排队的方式，会导致顾客等候时间加长，营造很多人排队的效果。

方法四：组织团购活动，当人们看到足够多的人参与团购时，他们也会从众，加入进来。

需要注意的是，虽然利用从众心理可以有效地吸引客户，但不能过度使用或滥用，否则会引起消费者的不满，适得其反。

心理三：稀缺定律

人们常说，物以稀为贵。越不容易得到的东西，越稀少的东西，越容易让人们产生想得到的心理。就好像某些品牌限量首发的产品，总是被一些铁杆粉丝、新粉丝抢购一样。

实体店也可以利用这一定律来引爆流量。小张加盟了 ×× 连锁品牌，是本市第一家门店，于是他打出了“本市 ×× 品牌唯一店面”的招牌。这让消费者产生一种该品牌很稀缺的印象，于是争相前来。

当然了，消费者的心理是复杂的，有时还会有逆反心理、猎奇心理、追求差异化的心理等。但不管怎样，只要你能洞察其心理，结合自己实体店的特色采取策略，就可以达到提升客流量的目的。

07 Section

零成本攻略：快速实现获客、快速转化客户、锁客

对于小创业者来说，没有太多的资金，所以需要零成本来获客、快速转化客户并实现锁客。这操作起来，是很有难度的，不过，还是有一些操作技巧的。下面，我们就来介绍一些零成本获客、快速转化客户、锁客的一些技巧。

首先，你需要明白，零成本并不是一分钱不花，而是不花费额外的成本。换句话说，你要花最少的钱，最好是不花钱，吸引更多的客户并实现变现。

一、如何零成本获客？

可以利用社交媒体平台发布促销信息，也可以通过举办线上活动、互动游戏等方式增加粉丝参与度。

可以加入商业联盟，通过联盟的宣传和推广来扩大自己的店铺的影响力。

可以为消费者提供定制的个性化服务，提供专业性的咨询。

可以在门店附近举办路演、展览等活动，吸引行人驻足观看并进店体验。

欧莱雅曾在北京王府井与艺术家陈粉丸打造了一个快闪店。门店前展览了中国民间剪纸，并将剪纸与当代艺术结合起来，吸引了无数人驻足观看。

二、如何快速转化客户？

为了快速转化客户，你可以举办限时促销、打折或买一赠一等活动，吸引潜在客户的注意力，激发他们的购买欲望。

李叶的美妆店，就针对新客户推出了首次购买享受8折优惠，成为会员专享折上折的活动，以刺激消费者快速转化。

你可以提供多种支付方式，包括人工收银台、自动收银系统、刷脸支付系统等，减少客户的等候时间。

可以提升销售人员的专业素养，包括良好的沟通能力和产品知识，为客户提供专业的咨询和推荐；提升服务意识，包括及时与客户沟通，快速回应客户的需求，有效地解决其提出的问题。

还可以利用数据分析工具来了解客户的购买历史和喜好，提供个性化的推荐和服务。

最后，要积极对潜在客户进行定期跟进，了解他们的需求和疑虑。可以通过电话、微信等方式与客户沟通，也可以举行产品展示活动，邀请潜在客户前来参加。

三、如何锁客？

锁客，就是留住客户，让新客户发展成为老客户。其实，现实生活中，很多实体店都善于锁客。

某火锅店，在客户结账的时候，通常都会邀请他们扫码加入客户微信群。凡是进群的客户，都可以享受会员折扣价，而且新客户还可以获得额外的赠品，比如可乐、蔬菜拼盘等。此外，店主还定期在群里发红包，发特价菜品优惠券等。

某美发店采取了定金变现的方式。在月底，店内会推出团购活动：交100元定金，在下个月100元变200元，且客户还可以享受额外的优惠。

当然，锁客策略并不止以上两种方式。这里还有很多有效的策略，包括：

1. 推出会员优惠，设定不同级别的会员，分别享受不同级别的优惠力度；

2. 鼓励客户在朋友圈、抖音分享购物体验，分享之后，可以享受一定的优惠，既锁住了原有客户，又吸引了新客户。

3. 创建社群，将客户集中在一个社群中。在社群内，发布新品信息、促销活动等。

4. 连环奖励，即客户每消费一次都可以得到一个赠品或积分，集够一定数量的赠品或积分后，可以免费获得店内的较高价值、具有特殊价值的产品。

5. 根据顾客需求提供定制化的产品或服务，比如量身定制的衣物、个性化的护肤方案等。

08 Section

25%的回头客，创造75%的利润

想要做好生意，必须从客户出发。不管你是大企业，还是小本生意，都需要做好客户服务，锁住客户，让他主动地“回头”。

某品牌咖啡就非常重视回头客，并善于利用回头客。他们首先为客户提供优质的咖啡、舒适的用餐环境和优质的服务。而为了维持与顾客的良好关系，他们还推出了会员制度和积分奖励计划。会员可以享受优惠、积分兑换等福利。

同时，他们还积极与客户互动，重视客户的反馈意见。比如，通过社交媒体等渠道与顾客保持互动，及时了解顾客的需求和反馈，不断改进产品和服务。在特殊时期，推出无接触配送、线上订餐等服务，满足客户的需求。

正是因为这样，这个品牌赢得了很多忠实粉丝，实现了生意的红火。

所以说，回头客是至关重要的。

而在很多营销专家看来，少数的回头客可以创造绝大部分的价值，甚至可以说客户群和贡献值可以分别构成一个正金字塔和倒金字塔。在客户群金字塔结构中，“铁杆客户”处于顶端，“稳定客户”次之，然后是“游离客户”“试用客户”。其中，前两者只占总用户人数25%。而在贡献值倒金字塔中，“铁杆客户”仍处于顶端，“稳定客户”次之，其贡献值竟高达75%。

事实上，这完全符合我们所熟知的“二八定律”。

而在粉丝经济迅猛发展的今天，这种现象更为明显。比如，直播带货、明星代言等销售方式，头部10%的客户的贡献值甚至可以达到90%。正因为这样，企业、商家总是想尽办法把新客户发展成为回头客，最好是“铁杆客户”。那么，他们采取了哪些措施呢？

有我们熟知的会员折扣、积分兑换奖品、生日送礼品等机制。

某特色火锅城为了留住客户，积累更多的回头客、铁杆客户，推出了充值赢会员的活动——充值1 000元，打9折，充值2 000元，打8.5折。同时，第二次充值，不但享受折扣，还可以赠送1~2道特色菜品。运用这一策略后，该火锅城生意渐入佳境，回头客越来越多，收益也越来越高。

不过，人们慢慢发现，对于客户来说，那些所谓的会员积分折扣并不具有太多作用，其真正的作用是，客户所感到的被偏袒、被优待。换句话说，与金钱的优惠相比，客户更喜欢那种被“特殊对待”的优越感，以及“我和这家店之间有特殊联系”的归属感。

因此，如果你想要发展更多的回头客，就应该弄懂客户的心理，想办法去“偏袒”那些回头客、忠实客户。

如何去做呢？

首先，了解客户，记录下客户的全部详细

包括是谁，在什么时候，购买了什么，买了多少，以及客户的谈话、随身物品、穿着打扮、行为举止、同行的伙伴等等。

比如，丽思卡尔顿等高级酒店，会给予VIP客户足够的优待，会记录客户的偏好，在全球记录客户所提出过的特殊要求，有什么特殊的偏好。

其次，只要客户前来，就给予优待和偏袒

比如一些奢饰品店，遇到超级VIP客户前来购物，店长会亲自接待，拿出预留的限量款供其挑选；还提供送货上门服务，提供私人定制服务；等等。

再次，侧重于阶段性偏袒，而不是一次性偏袒

一次性偏袒是存在弊端的。比如积分清零就属于一次性偏袒，很容易导致客户的流失。而按照积分把客户分为几个等级，不同的等级享受的福利不同，便不存在这样的问题。

当然，在给予回头客或铁杆客户偏袒的同时，也要避免引起其他客户的不满。想要做到这一点，首先要确保所有用户都得到了无差别的最高级别的服务。即对于普通客户来说，要让他们明白一点：我得到的商品或服务，是标准的。被特殊对待的客户，之所以被优待，是因为他们付出了什么东西。这样一来，客户不但不会心理不平衡，还会积极去行动，争取享受同样的优待。

最后，你还需要明确被偏袒的客户是什么样的客户，为什么要优待他们

如果弄不清楚以上几点，就可能导致客户的流失，得不偿失。